Wer an wen sein Herz verlor

Das Buch

Mit diesem Buch zeichnet Rut Brandt Spuren ihres Lebens nach, erzählt mit der ihr eigenen Herzenswärme von den Menschen, die ihren Weg kreuzten und die sie bis heute nachhaltig beeindrucken. Neben diesen sehr persönlich gehaltenen Episoden schildert sie aber auch, wie sie die wagemutige Entwicklung zu mehr Verständnis mit den Nachbarn Deutschlands und zur Versöhnung mit den osteuropäischen Ländern mitgetragen hat.

Die Autorin

Rut Brandt, die in Norwegen geborene Journalistin und Widerstandskämpferin, lernte im schwedischen Exil Willy Brandt kennen und wurde die erste Frau des späteren sozialdemokratischen Bundeskanzlers. Seit 1981 lebt sie mit ihrem Lebensgefährten Niels Nørlund teils in Deutschland, teils in Norwegen.

Rut Brandt

Wer an wen sein Herz verlor

Begegnungen und Erlebnisse

List Taschenbuch

Besuchen Sie uns im Internet:
www.list-taschenbuch.de

Umwelthinweis:
Dieses Buch wurde auf chlor- und säurefreiem Papier gedruckt.

List Verlag
List ist ein Verlag des Verlagshauses Ullstein Heyne List GmbH & Co. KG.
1. Auflage September 2003

Umschlagkonzept: HildenDesign, München – Stefan Hilden
Umschlaggestaltung: Hauptmann und Kampa Werbeagentur, München – Zürich
Titelillustration: Robert Lebeck, Stern
Druck und Bindearbeiten: Clausen & Bosse, Leck
Printed in Germany
ISBN 3-548-60348-3

Inhalt

Vorwort 9

ERSTER TEIL
Zwischen den Zeiten 15

Das erste Weihnachten nach dem Krieg 17
Der Heimkehrer 27
Wo liegt die Zukunft? 33
Wir gehören zusammen 39
Keime der Ostpolitik 46

ZWEITER TEIL
Mut und Demütigung 51

Jens 53
Eva 58
Erszi 61
Wer ist Niels? 70
Lise 81

DRITTER TEIL
Allein unter Freunden 91

Junge Jahre 93
Ria und Heilwig 96
Hochzeit in Kautokeino 105
Kälte in Prag 112

VIERTER TEIL
Unterwegs 121

Der Weg nach Berlin 123
Die Oma aus Potsdam 130
Wo ich herkomme 136
Von Nei zu Hei 139

Bildnachweis
Nr. 1, 2, 3, 5, 14, 15, 16: Privatbesitz Rut Brandt, Nr. 7: Bild-Waldthausen, Berlin-Schmargendorf, Nr. 8: J. H. Darchinger, Nr. 9: Foto-Service, Bonn, Nr. 10: Presse- und Informationsamt der Bundesregierung, Bundesbildstelle, Nr. 11: Pressefoto Heinrich von der Becke, Berlin, Nr. 13: Renate Klein, Nr. 17: Peter Thomann/STERN

Trotz aufwendiger Recherchen konnten nicht in allen Fällen die Rechteinhaber ermittelt werden. Berechtigte Ansprüche werden selbstverständlich abgegolten.

Zitatnachweis
»Auf der Mundharmonika« (S. 7), Lied aus dem Bühnenwerk »Katharina Knie« von Carl Zuckmeyer, Text: Robert Gilbert

Später, später bleibt vom Wagen
nicht einmal die Wagenspur.

Niemand, niemand wird dann fragen,
wer in diesem Wagen fuhr.

Alle Worte, die wir sagen,
rauschen dann wie Bäume nur.

Refrain: Und das Lied, das einst erklungen
auf der Mundharmonika,
wird dereinst vom Wind gesungen und
heißt nur noch Lalala.

Singt einmal ein anderer Sänger
Den Verliebten leis ins Ohr.

Sitzen die wohl auch nicht länger,
als wir saßen längst zuvor.

Doch dann kümmert's uns nicht länger,
wer an wen sein Herz verlor.

Refrain: Und das Lied, das einst erklungen
auf der Mundharmonika,
wird dereinst vom Wind gesungen und
heißt nur noch Lalala.

Vorwort

Mit Wagenspuren ist es so ähnlich wie mit Wolken am weiten, blauen Himmel. Man sieht sie deutlich dort stehen – und dann haben Wetter und Zeit sie auch schon hinweggewischt: durch Regengüsse entlang der Straße und den Wind in der Höhe.

Mit diesem kleinen Buch versuche ich einige der Spuren nachzuzeichnen, welche jener lange Teil des zwanzigsten Jahrhunderts hinterlassen hat, in dem ich gelebt habe.

Ich möchte Schicksale von Menschen schildern, die meinen Weg kreuzten und mich bis heute anhaltend beeindrucken.

Kurz nach dem Ersten Weltkrieg wurde ich in einem norwegischen Dorf geboren; meine ganze Kindheit und Jugend fiel also in die europäische Zwischenkriegszeit. Nach der deutschen Besetzung Norwegens im Jahr 1940, genau gesagt im Sommer 1942, mußte ich nach Schweden flüchten, um drohender Gestapo-Haft zu entgehen.

In Stockholm hatte ich eine besonders schicksalhafte Begegnung. Mein Schicksal hieß Willy Brandt. Im letzten Kriegsjahr zogen wir uns beide aus unseren norwegischen Ehen zurück und taten uns für die nächsten fünfunddreißig Jahre zusammen.

Es liegt in der Natur der Sache und in meiner persönlichen Entwicklung begründet, daß Willy den selbstverständlichen Ausgangspunkt meiner Schilderungen bildet. Wir waren zusammen in Stockholm im Mai 1945, in dem großen Augenblick, als der Krieg zu Ende ging. Wir standen Hand in Hand und weinten vor Freude. Für mich war die Freude ganz ungeteilt: Mein Land war wieder frei von der Besatzung und von den Kollaborateuren, den Quislingen. Für Willy war es etwas komplizierter. Einerseits war er seinem Exilland eng verbunden, war als Ausgebürgerter sogar selbst norwegischer Staatsbürger geworden und fühlte mit uns Norwegern. Andererseits wußte er als Deutscher, der stets für das »andere Deutschland« eingetreten war, daß die Befreiung, die schließlich von außen kommen mußte, seine Heimat zunächst zum Objekt machen würde.

Daraus ergaben sich viele unerfreuliche Dinge, die im folgenden teilweise angesprochen werden.

In den Maitagen 1945 ließen wir uns beide von den frohen Hoffnungen auf die nun anbrechende gute, neue Zeit tragen. Gemeinsam wollten wir sie durchleben und voll auskosten. Aber das war auch privat nicht so leicht, wie wir damals dachten. Wir hatten Verpflichtungen, die wir zu erfüllen hatten. Ich mußte meine Arbeit in der Botschaft der norwegischen Exilregierung bis zum Herbst weiterführen. Und Willy mußte als Leiter des Schwedisch-Norwegischen Pressebüros, des Pressedienstes der norwegischen Widerstandsbewegung, so schnell wie möglich nach Oslo, um sich an der Verteilung der Aufgaben für die nächste Zeit zu beteiligen.

Das Ergebnis war, daß wir uns darauf beschränken mußten, brieflich und durch gelegentliche Telefongespräche Verbindung zu halten. Schwere Sehnsucht begleitete den ersten Sommer der Freiheit. Und so blieb es für uns beinahe zwei Jahre lang. Der Herbst brachte uns eine gemeinsame Zeit, aber da befand sich Willy in Gedanken bereits wieder auf dem Weg zurück nach Deutschland. Von verschiedenen Seiten bekam er verlockende und auch schmeichelnde Angebote, aber er blieb erst einmal bei seiner journalistischen Tätigkeit.

Für unser Zusammenleben wurde es wiederum eine lange, frustrierende Zeit, denn die Kommunikation Deutschlands mit dem Ausland war fast vollständig unterbrochen. Den kleinen Rest hemmte die Zensur. Willy litt darunter. Er selbst war als Briefpartner unvergleichlich: Er schrieb beinahe täglich, manchmal sogar zweimal am Tage. Er schrieb mir um Mitternacht nach endlosen Sitzungen oder »gesellschaftlichen Verpflichtungen«, nachmittags, wenn er zwischen zwei Terminen nach Hause kam, um sich umzuziehen, und sogar während er langatmige Reden anhören mußte, die er für unbedeutend hielt. Und er bot all sein Geschick auf, um mir seine Briefe schnellstmöglich zukommen zu lassen.

Und nun sitze ich nach mehr als einem halben Jahrhundert vor meinem Briefschatz aus der frühen Nachkriegszeit: An die einhundertfünfzig Briefe, die meisten von ihnen, ihrer Reihenfolge nach numeriert, erzählen, was Willy beschäftigte, was ihn plagte, bekümmerte und begeisterte in dieser langen, schwierigen Zeit. Deshalb werde ich ihn jetzt selbst in kleinen, von mir ausgewählten Zitaten über die Jahre, in denen das Nachkriegsdeutschland sich formierte, berichten lassen, als er sich anschickte heimzukehren, um auf die neue deutsche Politik Einfluß zu nehmen.

Wie schon das 1992 erschienene Erinnerungsbuch *Freundesland* habe ich dieses Buch auf norwegisch geschrieben. Beide Bücher sind von meinem Sohn Peter Brandt einfühlsam ins Deutsche übersetzt worden. Dafür habe ich ihm zu danken, ebenso meinem Lebensgefährten Niels Nørlund für mannigfache Hilfe bei der Fertigstellung des Manuskripts und für manches andere.

ERSTER TEIL

Zwischen den Zeiten

Das erste Weihnachten nach dem Krieg

Es war das erste Weihnachten nach dem Krieg. Es war auch das erste Weihnachtsfest, das Willy und ich zusammen feiern sollten. Aber natürlich kam etwas dazwischen – wie fast immer in diesen Jahren.

Es war Deutschland, das uns stets dazwischenkam, so auch diesmal: sowohl Deutschlands jüngste Geschichte als auch die deutsche Gegenwart. Deutschland lag in Quarantäne in dieser ersten Zeit nach dem Krieg. Die Deutschen waren eingesperrt, und wir anderen waren ausgesperrt. Ohne einen überzeugenden Beweis dafür, daß man dort etwas Wichtiges zu tun hatte, kam man nicht hinein.

Im Oktober waren wir aus dem Stockholmer Exil nach Oslo zurückgekehrt. Während der deutschen Besetzung Norwegens war Willy Leiter des Pressedienstes des norwegischen

Widerstandes in Schweden gewesen. Ich arbeitete in der Botschaft der norwegischen Exilregierung. Im Spätsommer erledigten wir unsere letzten Verpflichtungen in Stockholm, und nun wohnten wir in einer Pension in der Osloer Pilestredet.

Das Leben in Oslo war dabei, sich wieder zu normalisieren nach dem Glücksrausch der Befreiung, der den ganzen Sommer über angehalten hatte. Wir fuhren mit der U-Bahn zum Holmenkollen und machten dort lange Spaziergänge. Wir konnten zum Hafen gehen und frisch gekochte Krabben kaufen.

Das Essen war immer noch unzureichend, nur Fisch gab es überall. Es roch auch überall nach Fisch: nicht nur in den Gaststätten, sondern in der ganzen Stadt. Fleisch, Kaffee und Zucker zum Beispiel waren rationiert. Die Menschen waren schlecht gekleidet und trugen abgenutzte Schuhe. Uns, die wir als gutgekleidete »Schweden« umhergingen, schauten sie hinterher.

Dennoch waren alle von Optimismus geprägt. Wir gingen einer neuen Zeit entgegen!

Das galt in allererster Linie für diejenigen, die aus den deutschen Konzentrationslagern zurückgekehrt waren. Einar Gerhardsen, bis zur Besatzung Osloer Oberbürgermeister und jetzt der neue Ministerpräsident, hatte mehr als vier Jahre gesessen. Halvard Lange, der neue Außenminister, war aus Sachsenhausen gekommen. Trygve Bratteli, der spätere Ministerpräsident, verließ sein Nacht-und-Nebel-Lager auf einer Trage, als die »Weißen Busse« des Grafen Bernadotte die skandinavischen Häftlinge aus den deutschen KZs holten. Jetzt steckten sie alle bereits mitten in der Arbeit.

Ich traf auch Inge Scheflo wieder, einen politischen Journalisten, der in der Stockholmer Zeit eng mit Willy befreundet gewesen war. Eine Zeitlang hatte er bei mir gewohnt. Jetzt wohnten wir Wand an Wand in derselben Pension. Er war schon 1944 illegal nach Norwegen zurückgegangen. Nachdem er ein Jahr lang die einzige Untergrundzeitung, die den ganzen Krieg hindurch erschienen war, redigiert hatte, kam er bei der Befreiung wieder ans Tageslicht.

Ich hatte einen Job im Büro der Arbeiterpartei. Zum Jahresanfang sollte ich bei der neuen Illustrierten »Aktuell« anfangen. Willy schrieb für die Tageszeitung der Partei, »Arbeiterbladet«, über deutsche Angelegenheiten. Es wurde schnell beschlossen, daß er über den Kriegsverbrecherprozeß in Nürnberg berichten sollte. Er wurde als norwegischer *War Correspondent* bei der Militärregierung akkreditiert.

Anfang November flog er nach Deutschland – ein Wiedersehen nach zehn Jahren. Seit

1933 hatte er im norwegischen Exil gelebt und sich nur 1936 einige Zeit illegal in Berlin aufgehalten. Norwegischer Staatsbürger war er während des Krieges in Stockholm geworden.

Es wurde eine schwierige Zeit der Trennung. Wir hatten angenommen, der Nürnberger Prozeß wäre schnell beendet, so daß Willy Weihnachten wieder in Oslo sein könnte, aber da täuschten wir uns. Der Prozeß dauerte mit einer kurzen Unterbrechung über Weihnachten und Neujahr bis weit in das Jahr 1946 hinein. Die Frage war, ob und wie wir zusammenkommen könnten.

Das war gar nicht so leicht ...

Allein miteinander in Kontakt zu kommen, um sich zu verabreden, war schon ein Problem. Für Privatpersonen war es unmöglich, nach und von Deutschland aus zu telefonieren. Nur amtliche Gespräche waren gestattet. Man durfte schreiben, aber Briefe waren unendlich lange unterwegs, besonders nach Deutschland hinein. Sie mußten die Zensur der Militärregierung passieren, und für diese war es eine Ehrensache, langsam zu arbeiten. Aus Deutschland heraus ging es etwas besser, weil Willy bei den Amerikanern im internationalen *Press Camp* auf dem Schloß des Bleistiftkönigs Faber saß. So konnte er die Militärpost benutzen, deren Sendungen bevorzugt befördert wurden. Willys Briefe kamen ziemlich schnell bei mir in Oslo an, während er auf meine Antworten wochenlang warten mußte. Das beunruhigte ihn und strapazierte seine Nerven. Wenn er meine Reaktionen auf seine diversen Vorschläge erhielt, war er mit seinen Gedanken schon ganz woanders angelangt.

Er schrieb mir jeden Tag und ließ dabei die Gedanken frei schweifen. Das war eine enge Männerwelt im Pressecamp: »Wir liegen zu acht in jedem Zimmer. Es gibt keinen Ort, an dem man allein sein kann. Im Arbeitsraum sitzen mindestens dreißig, maximal hundert Mann an der Schreibmaschine.« Jeden Morgen wurden sie in Bussen in den Justizpalast gefahren, wo der Prozeß stattfand, und nachmittags wieder zurück, nachdem sie ihre Berichte über die Verhandlung des Tages und über die neuesten Dokumente, die die Anklage untermauern sollten, übermittelt hatten. Willy arbeitete abends und zwischendurch am Tage an einem Buch über Deutschland, das im Laufe des Winters fertig werden sollte. In einem seiner Briefe schrieb er: »Hier werden große Mengen äußerst wichtiger Dokumente vorgelegt, an die ich niemals herankäme, wenn ich nicht hier wäre. Auf diesem Weg lerne ich viel über die Geschichte der vergangenen zwölf Jahre. Das wird mir nicht nur bei der Fertigstellung des Deutschlandbuches von

Nutzen sein, sondern bei meiner ganzen künftigen Arbeit.«

Er schrieb auch einiges über das, was er zu essen bekam. Es herrschte Mangel damals, auch in Norwegen, und das spiegelte sich in seinen Bemerkungen über das Essen. Bereits auf dem Weg nach Deutschland – er mußte via Stockholm und Kopenhagen nach Bremen fliegen – notierte er, er habe auf dem Stockholmer Flugplatz Zigaretten, einen Apfel und eine Packung Schokolade kaufen können: mit dem schwedischen Fünfkronenstück, das ich ihm geschenkt hatte. Im Flugzeug bekam er »ein wunderbares Eßpaket mit Rindersteak und anderen schönen Sachen«. Als er bei alten Freunden in Kopenhagen übernachtete, »bewirteten sie mich mit Fleisch, Käse, Eiern und Aquavit«! In Bremen bekam er amerikanische Armeeverpflegung, trank Kaffee und rauchte Zigaretten, wovon normale Menschen in Deutschland zu dieser Zeit nur träumen konnten. In Nürnberg war das Essen anfangs etwas spartanischer, aber später wurde es besser. »Das mit dem Essen mußt Du nicht falsch verstehen. Mir geht es in dieser Hinsicht viel besser als Dir. Auch bekomme ich genug zu rauchen ... Am schlimmsten ist es mit Getränken – damit meine ich nicht die starken Sachen, denen gegenüber ich seit gestern abend eine etwas reservierte Haltung einnehme, sondern Bier, das nicht erhältlich ist, und Wasser, das man nicht trinken kann.« Er war entzückt, als er eine US-Armee-Ration bekam: »Sie bestand aus einigen Keksen, hochkonzentrierter Schokolade mit Eiern, Vitaminen und anderen schönen Sachen sowie einer Tasse Kaffee – der Kaffee befindet sich in einer kleinen Tüte; man braucht den Inhalt nur in heißem Wasser aufzulösen. Zucker liegt bei. Danach Kaugummi und Zigaretten.« Das, so meinte er, sei besser als der Fisch in den Osloer Restaurants.

Willy machte viele verschiedene Vorschläge, wie wir Weihnachten zusammensein könnten. Ursprünglich hatte er gemeint, wir sollten uns in Oslo treffen. Nach und nach kam er zu der Auffassung, daß er Heiligabend bei seiner Mutter in Lübeck verbringen sollte – zum ersten Mal seit 1932 – und daß es am besten wäre, wenn ich ebenfalls nach Lübeck käme.

»Es wird ein etwas kümmerliches Weihnachten in Lübeck werden«, schrieb er, »aber was spielt das für eine Rolle, wenn wir nur zusammensein können?« Und er warnte mich: »Du wirst Dich auch mit sehr guten Nerven ausrüsten müssen. Man wird hier nämlich Zeuge vieler entsetzlicher Dinge … Ich fürchte, es wird Dir noch schwerer fallen als mir, gegenüber vielen, was einem zwangsläufig begegnet, eine dicke Haut zu behalten.«

Vielleicht könnte ich ja, so meinte er, meinen künftigen Chef bei »Aktuell« dazu bewegen, mich als Journalistin nach Deutschland zu schicken, am besten mit ihm zusammen nach Nürnberg. Die Kosten ließen sich auf die Reise selbst und einige Dollar Taschengeld begrenzen. Es war nichts als eine schöne Gedankenspielerei. Ich sollte mit Beginn des neuen Jahres in der Bildredaktion anfangen und würde erst später Gelegenheit bekommen zu beweisen, ob ich auch schreiben konnte. Es war etwas viel verlangt, daß der Chefredakteur mich gleich zur Auslandskorrespondentin machen sollte. Schlimm genug, daß ich meine neue Tätigkeit damit beginnen mußte, für die erste Woche Urlaub zu beantragen.

Inzwischen war klar: Jeder von uns würde Weihnachten bei seiner Mutter verbringen – Willy in Lübeck und ich in Hamar –, um uns gleich danach in Kopenhagen zu treffen und nach Stockholm weiterzufahren: eine Woche ganz für uns. (»Wir können auch in Kopenhagen bleiben«, schrieb Willy, »das Essen ist mindestens so gut wie in Stockholm.«)

Ich freute mich, nach Hause zu Mutter zu fahren und die traditionellen Rippchen mit Schmorkohl zu essen. Dabei handelte es sich um die Überbleibsel des »Villa-Schweins« Adolf. Während des Krieges hielten viele ein sogenanntes »Villa-Schwein«, ein illegal »organisiertes« Ferkelchen, das heimlich im Schuppen gemästet wurde, um seine Tage in der Küche zu beschließen. Selbstverständlich war das streng verboten. Zur Strafe hießen die Schweine Adolf oder Rudolf oder Hermann. So war es irgendwie leichter, von ihnen Abschied zu nehmen.

Mutter hatte im Herbst 1944 ihren letzten Schlaganfall gehabt und ging am Stock. Aber ihre Laune war beinahe unverändert. Und wir feierten ein richtiges Weihnachten: Decke, Wände und Fußboden frisch gereinigt, mit Weihnachtsbaum und Weihnachtsliedern, mit meinen drei Schwestern, die kamen, und den Nachbarn, die wir besuchten.

Nach zwei Tagen zu Hause fuhr ich morgens nach Oslo zurück, und abends nahm ich den Nachtzug nach Kopenhagen – mit zwanzig dänischen Øre in der Tasche für eine Straßenbahnfahrkarte. Willy hatte in seinem letzten Brief geschrieben, er werde alles tun, um vor mir in Kopenhagen einzutreffen: er werde versuchen, auf dem Bahnsteig des Hauptbahnhofs zu sein, wenn der Nachtzug aus Oslo ankomme. Doch er könne nicht versprechen, daß er es schaffen werde. Sei er nicht dort, sollte ich mit der Straßenbahn zu seinen deutschen Freunden fahren und dort warten.

Im Zug von Oslo saß ich in einem Abteil zusammen mit einer Frau, die ihren Mann zum ersten Mal seit sieben Jahren wiedersehen sollte. Er war Kapitän auf einem norwegischen Handelsschiff und während des ganzen Krieges auf See gewesen. Wir schütteten einander unsere Herzen aus, und sie lud mich für den Fall, daß niemand mich abholte, in das Hotel ein, das ihr Treffpunkt war. Aber als ich in Kopenhagen aus dem Zug stieg, stand Willy da, und ich vergaß alles andere.

Dann reisten wir zusammen nach Stockholm. Wir feierten Wiedersehen, und wir feierten Weihnachten. Wir zogen in dieselbe Pension, in der wir bis zum Schluß in Stockholm gewohnt hatten. In den nächsten Tagen erlebten wir von neuem unsere schwedischen Jahre, die jetzt vorbei waren, und nahmen einen Vorschuß auf die kommenden Jahre. Am Silvesterabend saßen wir fast ganz allein im Restaurant Anglais und hatten an uns selbst genug.

Willy sollte am 8. Januar wieder in Nürnberg sein und mußte deshalb einige Tage früher abreisen. Ich fuhr mit dem Zug nach Oslo zurück. Nun konnte jeder von uns sich nur erneut mit Geduld wappnen – und auf den nächsten Brief warten.

Der Heimkehrer

Willy hatte es geschafft, schon im Mai 1945 zurück nach Oslo zu kommen, wenige Tage nach der deutschen Kapitulation, während ich in Stockholm bleiben mußte. Doch seine Briefe ließen mich ein wenig an der Befreiungsstimmung bis zum norwegischen Nationalfeiertag teilhaben.

»Es war phantastisch, den Freiheitsrausch zu erleben«, schrieb er. »Der 17. Mai war der Höhepunkt, trotz des Regenwetters. Man sieht nur fröhliche Menschen. Sie sehen auch viel besser aus, als man sich vorgestellt hatte. Das Essen ist fürchterlich, aber daran haben sich die Menschen hier in Oslo gewöhnt. An der Kleidung sieht man, daß es jahrelang nicht möglich gewesen ist, neue Sachen zu kaufen. Aber auch das macht nicht so viel aus. Außerdem ist die Sonne jetzt so richtig hervorgekommen.

Es gibt unendlich viele Dinge, die einen beeindrucken. Unter anderem wenn man deutsche Soldaten in der Stadt sieht (es gibt nur noch ziemlich wenige von ihnen, nur solche, die dieses oder jenes mit den alliierten Behörden zu regeln haben, und sie tragen weiße Armbinden), und niemand läßt das geringste Anzeichen erkennen, sich an ihnen zu rächen. Es gibt Hunderte von lustigen Erlebnissen, über die man schreiben könnte, aber ich werde sie lieber aufsparen, bis wir uns sehen.«

Genau ein halbes Jahr später fuhr Willy auf dem Weg zum Nürnberger Prozeß wieder nach Deutschland, zum ersten Mal seit 1936, als er sich zur Ausbildung einer sozialistischen Oppositionsgruppe illegal in Berlin aufgehalten hatte. Als er mit dem Flugzeug, aus Stockholm kommend, in Bremen landete, fand er eine ganz andere Stimmung vor als im Norden.

»Es war ein ziemlich merkwürdiges Gefühl, nach so vielen Jahren seine Füße auf den Boden zu setzen, wo man geboren wurde und wo man vielleicht daran teilnehmen wird, etwas von dem aufzubauen, was in Trümmer gelegt worden ist infolge einer wahnsinnigen und verbrecherischen Politik«, schreibt er am 11. November. »Die Amerikaner haben mir in einer schönen Villa außerhalb der Stadt ein Zimmer zur Verfügung gestellt. Gleichzeitig sind 80 Prozent aller Gebäude in Bremen zerstört, das so groß wie Oslo ist, und viele Menschen leben in Kellern, abgesehen davon, daß sie beinahe kein Heizmaterial zugeteilt bekommen haben. Ich esse amerikanische Armeeverpflegung in der Offiziersmesse im Rathauskeller, trinke Kaffee und etwas Cognac und rauche Zigaretten, während die normalen Menschen sich schwer bemühen, mit den ausgeteilten Rationen durchzukommen. Und trotzdem sagen alle, daß es in Bremen bedeutend besser ist als in vielen anderen Städten.«

Am nächsten Tag erhielt er Gelegenheit, nach Lübeck zu fahren, wo er zum ersten Mal seit zwölf Jahren seine Mutter besuchen konnte. »Es war gar nicht so leicht, mich nach so vielen Jahren in meiner Geburtsstadt zurechtzufinden. Aber es war schön, alte Freunde wiederzutreffen, und nicht zuletzt die zu Hause. Es gab in jeder Hinsicht großen Auftrieb, aber sie waren ein wenig eingeschnappt, weil ich nur auf eine Stippvisite kam. Meinen Genossen gefiel es auch nicht, daß ich wieder wegfuhr. Am liebsten wollten sie, daß ich mich an die Spitze der Bewegung in unserem Bezirk stelle. Das ist jedenfalls eine schöne Vertrauenserklärung.

Sie widmen sich dem Wiederaufbau dort wie anderswo, aber es geschehen auch viel scheußliche Dinge. Auf der Straße vor dem Restaurant, wo die Partei ihr provisorisches Büro hat, sind zum Beispiel im Lauf des letzten Monats 31 Deutsche von Polen umgebracht worden.«

Aus Hamburg berichtete er: »Die Menschen haben die Verzweiflung überwunden, die sich offenbar breitmachte, als es Anfang des Monats am kältesten war. Dreißig Personen erfroren. Wenn man auf die Straße geht, ist man immer wieder überrascht, daß die Deutschen immer noch verhältnismäßig gut angezogen sind. Aber die meisten sind abgemagert und haben eine graue Gesichtsfarbe.«

Das deutsche Zusammenbruchschaos der Jahre zwischen Kriegsende und Währungsreform brachte auch für diejenigen, denen es relativ gut ging, viele »praktische Probleme« mit sich, wie Willy das zu nennen pflegte. So schrieb er mir beispielsweise einmal, seine Uhr sei ihm zu Boden gefallen und funktioniere nicht mehr. Deshalb habe er sie zur Reparatur bringen müssen. Der Uhrmacher wollte zehn Packungen Zigaretten dafür haben, was einem Schwarzmarktwert von mindestens dreihundert Mark entspräche. Das wiederum war deutlich mehr als ein durchschnittliches Monatseinkommen. So viel wollte Willy nicht bezahlen, da er seine von den Alliierten zur Verfügung gestellte Ration selbst aufrauchte, und so überlegte er, wie er den Preis herunterhandeln konnte. Ein anderes Mal war ein Friseur drauf und dran, ihn aus lauter Dankbarkeit zu umarmen, weil er für einen Haarschnitt drei Zigaretten daließ.

Auf den Weg nach Nürnberg machte Willy Station im SPD-Hauptquartier in Hannover, um sich politisch zu orientieren, und in diesem Zusammenhang erhielt er folgenden Bericht: »Ich hörte heute eine grauenhafte, aber authentische Geschichte. Sie betrifft einen Transport von Vertriebenen aus den Ostgebieten, der vorige Woche hier ankam. 62 von ihnen waren bei der Ankunft tot. Als man den Arzt fragte, was unterwegs das schlimmste gewesen sei, erwähnte er nicht seine Ehefrau, die unter den Dahingerafften war. Er gab folgende Erklärung: Eines Tages während der langen Reise wurde er zu einem der Viehwagen gerufen, wo eine schwangere Frau eine Fehlgeburt gehabt hatte und im Blut schwamm. Er hatte nur eine Taschenlampe. Bevor er etwas unternehmen konnte, mußte er eine alte Frau dazu bewegen, ein Stück zu rücken. Er sprach freundlich mit ihr, aber sie rührte sich nicht. Schließlich sagte eine der anderen im Wagen: Die Ärmste ist wohl tot, gestern lebte sie noch. Tatsächlich gab sie kein Lebenszeichen mehr von sich. Die Leiche wurde beiseite geschafft. Nun sollte die blutende Frau hochgehoben werden, doch dabei zeigte sich, daß das Blut vereist und sie am Boden festgefroren war. Glücklicherweise gab es eine kleine Lötlampe, mit deren Hilfe man etwas Wasser erwärmte. Dadurch war es möglich, die Kranke hochzuheben und zu behandeln: ohne Narkose und mit den primitivsten ärztlichen Instrumenten. – Du wirst sagen, daß das wie ein Bericht aus der Hölle klingt. Das ist es auch. Schlimmer kann es auch auf den Zwangstransporten nicht gewesen sein, die die Nazis vornahmen. Geschichten wie diese charakterisieren den einen Teil der heutigen deutschen Wirklichkeit. Andererseits gibt es gewisse politische Symptome, die nicht nur niederschmetternd sind. Darüber einmal später.«

Kurz darauf schrieb er mir etwas optimistischer aus Berlin: »Ich kann nicht behaupten, daß ich mich schon in die Verhältnisse eingefunden hätte. Das kann man wohl auch nicht erwarten. Das Ganze kommt mir recht unwirklich vor. Aber mein erster Eindruck bestätigt sich, nämlich, daß Berlin trotz der unvorstellbaren Zerstörungen etwas ganz anderes ist als andere deutsche Städte. Es gibt hier Not und Elend und Verwirrung und Kriminalität. Aber hier gibt es auch ein fruchtbares politisches und kulturelles Leben. Hier spielt es sich ab. Hier erlebt man Europa und einen Großteil von dem, was die Welt bewegt. Ich habe Berlin früher nie gemocht, aber ich glaube, ich werde mich hier wohl fühlen.«

Wo liegt die Zukunft?

In den Pausen zwischen den Verhandlungsphasen des Nürnberger Prozesses unternahm Willy Streifzüge durch Deutschland, um Material für sein Buch zu sammeln – und um größere Klarheit über seine eigene Zukunft zu gewinnen. Am häufigsten gingen die Fahrten nach Hannover: zu SPD-Kongressen, Treffen mit der Parteiführung und Gesprächen mit Kurt Schumacher, die überragende und schon bald unumstrittene Führungsgestalt der Sozialdemokratie in den Westzonen.

Kurt Schumacher und Willy unterschieden sich deutlich in ihrem Temperament und in ihrer Mentalität; sie waren auch nicht in allem einer Meinung. Um so mehr Gewicht haben die wiederholten positiven Würdigungen des SPD-Vorsitzenden in Willys Briefen, zum Beispiel Ende Januar 1947, als er mir im Anschluß an eine sozialdemokratische Versammlung in der »Neuen Welt«, einem traditionellen Kundgebungsort der Arbeiterbewegung in Berlin-Neukölln, schrieb: Schumacher »hielt eine entschieden internationalistische Rede und versäumte nicht, seinen Landsleuten eine Reihe Wahrheiten zu sagen. Der Beifall machte die Wirkung etwas kaputt. Er ist unendlich viel weiter gekommen als der Durchschnitt. Leider führt die Not dazu, daß der Nationalismus Boden gewinnt«. Willy hielt Schumacher also keineswegs für einen Nationalisten, als der er heute vielfach hingestellt wird.

Ein Jahr nach Kriegsende, im Mai 1946, hatte die SPD ihren ersten Nachkriegsparteitag abgehalten. Willy schrieb mir: »Ich hatte einige betriebsame Kongreßtage in Hannover. Ich trat auf dem Parteitag nicht selbst auf – die Dinge, mit denen ich nicht zufrieden war, konnte ich sowieso nicht geregelt bekommen. Aber es gab eine ganze Menge kleinere Tagungen, und das Endergebnis war besser als erwartet. Es gelang mir auch, Schumacher dazu zu bewegen, in seiner Abschlußrede einige wichtige Fragen zu klären.

In Hannover erhielt ich eine Reihe Angebote, die alle darauf hinausliefen, daß ich hier unten tätig werden soll. Eigenartigerweise waren es zuerst zwei ›kleine‹ Angebote, die mich am meisten reizten. Erstens wollten mich meine Genossen aus Lübeck dafür gewinnen, dort die Parteizeitung zu gestalten (wobei sie sagten, sie könnten gut verstehen, wenn ich durch ›größere‹ Aufgaben in Beschlag genommen würde), und zweitens eine entsprechende Sache in einer mittelgroßen bayerischen Stadt, Regensburg. In beiden Fällen wäre der große Vorteil damit verbunden, daß man eine einigermaßen anständige Wohnung bekäme. Aber das kann nicht der einzige Gesichtspunkt sein.

Einige Leute kamen auf die Frage des Telegrammbüros in der amerikanischen Zone zurück, genauer gesagt: der Chefredakteursstelle dort. Schumacher – der, wie Du weißt, jetzt hier die zentrale Gestalt in der Partei ist –, scheint zu wollen, daß ich mich mit der Parteipresse im umstrittenen Ruhrgebiet beschäftige. Das wäre eine sehr herausfordernde Aufgabe. Doch zusätzlich zu allem anderen wollte die Parteiführung heute die Frage behandeln, ob ich nicht möglicherweise am nützlichsten sein könnte, wenn ich noch einige Zeit in Skandinavien bliebe. Um das Ergebnis, zu dem sie gekommen sind, zu bewerten, muß ich auf dem Weg nach ›Hause‹ noch einmal über Hannover ...«

Von der Rückfahrt von Hannover nach Nürnberg berichtete er: »Die Autofahrt heute

(19 Stunden) war anstrengend, aber zugleich ein Erlebnis. Du hättest dabeisein sollen, um zu sehen, welche schönen Landschaften es auch in diesen Gegenden gibt. Zuerst fuhren wir das Wesertal hinauf, wo ich vor achtzehn Jahren einmal gewandert war. Und dann fuhren wir weiter durch das übel zerbombte Kassel und den Bischofssitz Fulda zu den Weinbaugebieten bei Würzburg und von dort hierher. Es war ein gutes Gefühl, so viele Kleinstädte und Dörfer zu sehen, die nicht von den Bomben verheert waren und wo die Kinder ordentlich angezogen und nicht unterernährt waren.«

Als Willy erneut nach Hannover kam, hatte er selbst herausgefunden, welchen Weg er gehen wollte: Er hatte sich entschieden, das Angebot von Außenminister Halvard Lange anzunehmen, Presseattaché und politischer Beobachter an der norwegischen Militärmission in Berlin zu werden, zunächst für einige Jahre. Auf diese Weise wollte er sowohl die Verbindung mit Norwegen und dem Norden aufrechterhalten als auch einen Weg zu politischer Arbeit in Deutschland – mit der Presse, mit den Parteien, mit den alliierten Behörden – eröffnen.

Über die Reaktion darauf in Hannover schrieb er mir: »Heute um 19 Uhr kam ich hier an und ging sofort zur sozialdemokratischen

Parteiführung. Schumacher traf ich nicht, aber seinen Mitarbeiter Fritz Heine, der mich mit vielen wertvollen Informationen versorgte. Ich war gespannt, wie sie meine Entscheidung aufgenommen hatten, sie ›im Stich zu lassen‹. Na ja, Heine ist ein Diplomat. Er formulierte es so: Sie würden es sehr bedauern, daß ich nicht die deutsche Pressearbeit zu meiner Sache gemacht hätte, wo der Verlust eines jeden deutlich zu spüren sei. Andererseits wäre ihnen klar, daß die von mir nun gewählte Tätigkeit großen politischen Nutzen haben könnte, und sie hofften auf eine enge, freundschaftliche Zusammenarbeit. – Annedore Leber (die Witwe von Dr. Julius Leber, der nach dem 20. Juli 1944 hingerichtet worden war) sagte es so einfach: ›Wir freuen uns. Es ist uns ganz gleich, in welcher Funktion Sie kommen – wir wissen schließlich, wer kommt.‹«

Später, als er in Berlin gelandet war, schrieb Willy: »Ich gedenke hart zu arbeiten, aber die praktischen Schwierigkeiten sind größer, als ich geglaubt hatte ... Das setzt voraus, daß ich den Umgang mit ›Diplomaten‹ und Besatzungsoffizieren einschränke, und das beabsichtige ich zu tun. Sie tun ihre Arbeit, mehr oder weniger gut, und abends gehen sie in Klubs, zu Essen, Ballettvorstellungen usw., Zusammenkünfte, die auf die Bevölkerung regelecht herausfordernd wirken müssen. Ich werde selbstverständlich eine Reihe Einladungen annehmen müssen, und es gibt natürlich auch kluge, ordentliche Leute unter den Besatzern. Aber davon abgesehen, werde ich mich hauptsächlich um den Kontakt mit guten Deutschen bemühen. Damit fing ich insofern schon gestern abend an, als ich mich zu Frau Leber aufmachte, um sie und ihre Kinder zu begrüßen. Es wurde ein sehr lohnendes Gespräch in einem ungewöhnlich kultivierten Heim.«

Wir gehören zusammen

Es dauerte seine Zeit, bevor wir beide in der Militärmission in Berlin am richtigen Platz waren. Als Willy mit Halvard Lange die Absprachen über seine Arbeit als Presseattaché und politischer Beobachter traf, machte er zur Bedingung, daß ihn eine kompetente Büroassistentin begleiten sollte. Die Assistentin, die er ausgewählt hatte, hieß damals noch Rut Bergaust, was aber kein Hinderungsgrund sein sollte.

Doch sowohl die internationale wie die nationale Bürokratie tat sich schwer damit, uns die erforderlichen Reisedokumente auszustellen. Silvester 1946/47 hatten wir gemeinsam in Kopenhagen gefeiert; anschließend würde jeder von uns für eine kurze Zeit für sich sein. Ich fuhr zurück nach Oslo, weil Willy unmittelbar nach Neujahr nach Berlin sollte, um seinen neuen Posten bei der Militärmission anzutreten. Doch ganz gegen seinen Willen blieb er zwei Wochen in einem Kopenhagener Hotel hängen, ohne daß er sich etwas Vernünftiges vorgenommen hatte. Die britischen Behörden in Berlin, Oslo und Kopenhagen waren nicht imstande, sein Visum und die *travel order* auszustellen, die man für Reisen in und nach Deutschland benötigte. So fand er Gelegenheit, sich viele Filme anzusehen, eine ganze Reihe Bücher zu lesen und natürlich etliche Briefe an mich zu richten, die wiederholt seine Irritation über die lange Wartezeit erkennen ließen. Der erste Brief des Jahres hatte zehn Seiten und enthielt verschiedene Überlegungen zu unserer persönlichen Situation:

»Du, Rut, obwohl ich das nicht oft sage, habe ich Dich sehr lieb. Ich habe viel über uns nachgedacht. Wir haben schon früher darüber gesprochen, daß wir einen wenig glücklichen Start hatten. Wir mußten unseren Weg ja so gehen, daß es teilweise zu Lasten anderer ging – das ist zwar kein ungewöhnliches Problem, aber in jedem Fall ein Problem. Was mich betrifft, hat sich, wie ich zugebe, mehrmals eine Art schlechtes Gewissen gemeldet, besonders gegenüber Ninja (Willys Tochter aus erster Ehe), die ich, wie Du weißt, sehr lieb habe.

Weil die Umstände so waren, wie sie waren, war es schwierig für uns, ganz ineinander aufzugehen, womit ich nicht sagen will, daß eine ideale Beziehung darin besteht, daß einer der Partner sein Ich aufgibt, ganz im Gegenteil. Aber ich frage mich, ob wir nicht zu ›vorsichtig‹ gewesen sind. Andererseits ließ sich wohl kaum vermeiden, daß die äußeren Umstände und nicht zuletzt meine ambulierende Existenz unserem Leben ein ziemlich hektisches Gepräge gaben. Wie die Dinge lagen, war es schwer, zur Ruhe zu kommen.

Keine Angst wegen dem, was ich jetzt sage: Es gab Stunden, wo ich Bedenken hatte, mich erneut fest zu ›binden‹, ein Gefühl, das übrigens verschwindet, wenn ich auf Reisen bin und mich einfach nach Dir sehne. Warum soll ich nicht ehrlich zugeben, daß ich zu manchen Zeiten dachte, ich passe nicht in die Institution Ehe? Eigentlich nicht aufgrund dessen, was man üblicherweise unter Treue versteht (denn das ist keine Zwangsvorstellung, seit ich mit Dir zusammen bin), sondern weil ich glaube, daß die Ehe in vieler Hinsicht die Liebe tötet. Man glaubt in ihr allzu leicht, daß man einen anderen ›besitzt‹. Man kennt kein Wort dafür, aber man kann sich gegenseitig peinigen, ohne es zu wollen, oder man kann sich gefangen fühlen in einem teilweise selbstgestrickten Netz aus ›Rücksicht und Mühe‹. Ich finde, man muß sich das ganz klarmachen. Gleichzeitig bin ich mir nämlich so gut wie sicher, daß wir uns gemeinsam eine glückliche Zukunft aufbauen können. Darauf sollten wir uns wohl auch Papiere ausstellen lassen, aber das Stück Papier darf niemals das Wesentliche werden. Das Wesentliche sind die Empfindungen; sie sind, davon bin ich überzeugt, auf beiden Seiten stark genug, aber trotzdem gilt es, sie gegen Gewohnheit zu beschützen.

Es sollte auch keine Gewohnheit werden, Probleme, die wir besprechen müssen, beiseite zu schieben und sie zu ›lösen‹, um uns ein weiteres Mal gegenseitig zu beweisen, daß wir es zusammen sehr schön haben können. Apropos – es gibt doch wohl etwas, was Du mir hättest sagen oder schreiben sollen. Vor etlichen Wochen gab es etwas, das Du aufschreiben wolltest. Und kürzlich, gleich zu Beginn unserer verunglückten Kopenhagenreise, machtest Du deutlich, daß ich nicht so wäre, wie Du mich gern hättest. Ist es nicht genausogut, wenn Du Dich hinsetzt und alles niederschreibst, was Du auf dem Herzen hast, und zwar ohne Diplomatie? Sag mir ruhig, wie schwer es sein kann, mit mir auszukommen. Ich werde mich schon verteidigen, wenn ich finde, daß Du ungerecht bist.«

Und das tat er dann eine Woche später in einem der Briefe aus Kopenhagen: »Ich denke, Du würdest uns beiden einen Gefallen tun, wenn Du damit fortfährst, mir nicht nur ›freundliche‹ Briefe zu schreiben. ›Innere Unruhe‹ ist nicht von Übel. Du mußt nur versuchen herauszufinden, was Du willst, und Dich dafür einsetzen. Die von Dir angesprochene ›Trägheit‹ ist wohl in hohem Maß eine Neigung, die Dinge treiben zu lassen, die Gedanken nicht zu ordnen und, gefühlsmäßig wie verstandesmäßig, nicht reinen Tisch zu machen.

In einem Punkt verletzt Du mich, nämlich wenn Du in Deinem ersten Brief die Möglichkeit andeutest, daß ich Dich vielleicht schon *vergessen* hätte. Du bist nicht sicher, schreibst Du, ob ich das nicht tun werde. Im weiteren drückst Du Dein Gefühl aus, daß es vielleicht gar ›nichts‹ wird mit uns. Süße, gute, liebe Rut: Du mußt doch verstehen, daß Du damit von zwei ganz verschiedenen Dingen sprichst … Selbst *wenn* es sich so entwickeln sollte, daß wir keine gemeinsame Zukunft hätten, kannst Du doch nicht ernsthaft glauben, daß ich Dich vergessen könnte. Dafür hast Du mir zuviel bedeutet, und ich kann Dich nicht mehr mögen, als ich es tue.

Du würdest mir wohl ebenfalls ab und zu einen freundlichen Gedanken zukommen lassen…

Jetzt aber stelle ich mir vor, daß wir gerade beim Standesamt waren, und ich habe ›ja!‹

gesagt und Du ›aber!‹ Doch ich glaube gleichzeitig, wenn Du Deinen Weg gingest, würdest Du herausfinden, daß wir es nicht nur schön hatten, so wie es war, sondern daß unsere Beziehung vielleicht auch in anderer Hinsicht etwas für Dich bedeutet hat, daß Du in dieser Zeit ›gewachsen‹ bist und begonnen hast, mehr von Deinen Fähigkeiten zu nutzen. Ich bin nicht eingebildet genug anzunehmen, daß es auf mein Konto geht, aber die Rolle eines mitwirkenden ›Werkzeugs‹ in dieser Entwicklung kann ich nicht leugnen …

Aber abgesehen davon: wenn ich über die Ehe schreibe, denke ich nicht zwingend an den Standesbeamten und den Pfarrer. Eine feste Beziehung läuft doch praktisch auf dasselbe hinaus, besonders wenn man gemeinsam Kinder hat – auf die gesellschaftliche Akzeptanz pfeife ich also. Aber es könnte doch auch sein, daß man sich so seiner Sache verhältnismäßig sicher ist und sich sagt: Warum es nicht ebensogut in einem Dokument festhalten, wenn es eine ganze Menge vereinfacht? Aber das ist ja für uns derzeit nicht aktuell … Ich werde nicht vor Jahreswende gesetzlich geschieden sein.«

Zu meinem Geburtstag – ich wurde 27 – schrieb er mir: »Geliebte! Ich träume und muß an das erste Mal denken, als ich Dich sah.

Das war irgendwann 1942. Nicht, daß ich irgendwelche böse oder anderen Gelüste gehabt hätte, aber ich erinnere mich gut, daß Du besonders reizend warst. Ein Jahr später entdeckte ich schlagartig, daß Du eine schöne Frau warst. Du hattest etwas im guten Sinne Aristokratisches an Dir, daß Du eigentlich zwischen Blumen und schöne Musik gehörtest. Wir tanzten miteinander und umarmten uns, bevor Du nach Hause gingst. Ich glaube, da wurde die Glut entzündet, auch wenn es noch einige Zeit dauerte, bis sie entflammte …«

Und es dauerte auch weiter lange Zeit, bevor ich zu ihm nach Berlin kommen konnte. Am 25. März 1947 schrieb er mir: »Es ist jetzt 87 Tage her, daß ich auf dem Bahnhof in Kopenhagen ›Auf Wiedersehen‹ sagte. Das sind 2088 Stunden oder 125 280 Minuten oder 7,5 Millionen Sekunden. Also fast eine Ewigkeit. Wenn alles gut geht, sehen wir uns von heute an in vierzehn Tagen … nur noch 346 Stunden oder 20 760 Minuten.«

Keime der Ostpolitik

Je näher der große Tag der Abreise kam, desto gründlicher wurde ich von Willy auf den Kulturschock vorbereitet, der mich erwartete. Er sagte mir, welche kleinen, praktischen Gegenstände ich für unseren Haushalt, unseren Kleiderschrank und unsere Körperpflege mitbringen sollte: »Du Ärmste – Du hast gewiß den Kopf voll mit allen möglichen praktischen Sorgen, und außerdem ist wohl auch eine gewisse Spannung damit verbunden, daß Du Dich in die ›große, weite Welt‹ begeben wirst. Leider wirst Du sie nicht von ihren hellsten Seiten kennenlernen. Du wirst viele Beweise dafür sehen, daß wir uns in Wirklichkeit nicht so furchtbar weit von der Barbarei entfernt haben. Aber wir beide werden versuchen, unsere eigene Welt nach unseren eigenen Wünschen zu bauen«, schrieb Willy.

Außerdem deutete er an, wie sehr unser Leben von der Politik bestimmt sein würde:

»Man steht hier in Berlin auf einem merkwürdigen Posten. Einerseits befindet man sich im Brennpunkt, andererseits kann man sich ziemlich isoliert fühlen – besonders im Verhältnis zu Norwegen und dem Norden. Politisch war es gewiß sehr nützlich für mich, hierherzukommen. Ich bekomme viele meiner Verdächte bestätigt ... Man sieht hier aber auch klarer als in den Westzonen oder in Oslo, daß die Kritik nicht nur einseitig ausgerichtet werden darf. Abgesehen davon, daß es für dieses Land oder Europa keine Lösung gibt und vielleicht der Weltfrieden nicht gerettet werden kann, wenn es trotz alledem nicht gelingt, zu einem *modus vivendi* zu gelangen, eine Art und Weise, auf diesem verheerten, verhunzten, aber nichtsdestoweniger an Traditionen und Fähigkeiten reichen Kontinent zusammenzuleben. Ich will jedenfalls ernsthaft versuchen, bei einer solchen Lösung mitzuhelfen, und ich halte das nicht für aussichtslos. Unter den deutschen Politikern versteht man, trotz aller Not und trotz der zugespitzten Parteipolitik, durchaus die Realitäten, mit denen man zu tun hat. Es war kein Zufall, daß Schumacher versuchte, mit den Russen ins Gespräch zu kommen, als er das letzte Mal in Berlin war ... Was immer man von ihrer

Regierungsform und ihren Methoden hält, ist es doch eine Tatsache, daß Deutschland nicht existieren kann, sofern es nicht gelingt, das Verhältnis zur Sowjetunion zu normalisieren. Die Westmächte sprechen viel davon, dem deutschen Handel wieder auf die Beine zu helfen, aber sie fürchten gleichzeitig die deutsche Konkurrenz. Dennoch gibt es im Osten große und verhältnismäßig stabile Absatzgebiete. Aber damit rede ich nicht irgendeiner einseitigen Ostpolitik das Wort. Zwar haben die Russen die politische Schlacht um Deutschland verloren, aber sie haben gewisse Voraussetzungen dafür, zu einem wesentlichen Teil die ökonomische Schlacht zu gewinnen.«

Am folgenden Tag schrieb Willy über einen willkommenen norwegischen Besuch: »Am frühen Nachmittag kam Dagfinn Juel. Ich weiß nicht, ob Du von ihm gehört hast. Er ist Bürochef im Sozialministerium und hat mit der Repatriierung von deutschen Zivilisten und ›Displaced Persons‹ zu tun. Ich kenne ihn aus der *Mot-Dag*-Zeit.« (*Mot Dag* – Dem Tag entgegen – war eine frühsozialistische, intellektuelle Gruppe in der norwegischen Arbeiterbewegung, mit der Willy um die Mitte der dreißiger Jahre zusammengearbeitet hatte.) »Wir fuhren ziemlich früh nach Hause, zur

Offiziersmesse, weil im Büro die ›Stromsperre‹ eintrat – das geschieht gleichsam, als würde man dadurch behindert werden, daß das Licht funktioniert. So kam es zu einigen Drinks vor dem Essen – und einigen danach. Anschließend sicherten wir uns eines der Autos der Mission, fuhren bei mir vorbei, damit ich mich umziehen konnte, und dann zum Harnack-Haus, wo wir etliche Whiskys einnahmen. Nun bin ich also wieder zu Hause ...

Das Gespräch mit Dagfinn Juel heute abend war sehr anregend. Er war gerade in England gewesen, zeigte sich überzeugt vom sozialistischen Willen der englischen Regierung (im Gegensatz zur norwegischen) und ließ den Glauben an etwas in Richtung Vereinigte Staaten von Europa erkennen. Im Grunde ist es das, wofür ich in den kommenden Jahren zu streiten gedenke. Es gibt etwas, worauf Du Dich freuen kannst. Vielleicht gibt es manche Enttäuschungen auf dem Wege (sicherlich wird es die geben), aber vielleicht schließlich einen großen Fortschritt.«

Willy machte kein Hehl aus seiner persönlichen Beurteilung der Probleme Deutschlands, nachdem er Anfang 1948 die Militärmission verlassen hatte und Beauftragter der SPD-Führung in Berlin geworden war. Er hielt Vorträge vor Politikern und Journalisten und sprach zu sozialdemokratischen Vertrauensleuten im russischen Sektor, als sich die Berlinkrise zuspitzte und dann die Währungsreform in den Westzonen die vollständige Blockade der Westsektoren Berlins durch die östliche Seite nach sich zog.

Als ich zu Besuch in Norwegen war, schrieb mir Willy: »Mein Vortrag im Funkturm-Restaurant am Mittwoch abend hat ein interessantes Nachspiel gefunden. ›Neues Deutschland‹ schreibt heute, ich würde einen neuen Kurs in der SPD repräsentieren – was ich in gewisser Weise gern täte, aber es ist nichtsdestoweniger ein zweifelhaftes Kompliment aus dieser Ecke. Sie haben diese drei Aussagen herausgepickt: 1) Die SPD ist nicht die Partei der Westmächte; 2) Wir widersetzen uns nicht den berechtigten Interessen des russischen Volkes; 3) Wir akzeptieren nicht jeden Bundesgenossen, wenn er nur vom Kampf gegen Kommunismus spricht. Franco ist ebenso unser Todesfeind wie die Nazis …

Doch ich sagte auch einiges andere!«

ZWEITER TEIL

Mut und Demütigung

Jens

Eines Morgens vorigen Sommer hörte ich mich im Traum »Avanti popolo« singen, das alte italienische Arbeiterlied, das ich in der Zeit des Spanischen Bürgerkriegs als ein Kampflied der internationalen Brigaden kennengelernt hatte. Verwundert stellte ich fest, daß ich den Text von zwei Strophen immer noch kannte. Ich richtete mich im Bett auf: Die Jugend war wieder da. Und zur Jugend und zu »Avanti popolo« gehörte Jens Boyesen. Ein Leben lang war er mein Freund, bevor er vor einigen Jahren starb.

Wir waren gleichaltrig, beide 1920 geboren, und beide Mitte der dreißiger Jahre aktiv in der AUF, dem Arbeiter-Jugendverband in Hamar. Wir kamen alle vierzehn Tage zusammen, auch in Schulungszirkeln zur Geschichte der Arbeiterbewegung. Und darüber wußte Jens, so jung er war, alles und konnte es uns erklären. »Er war unglaublich begabt – alle sahen es, und alle sagten es«, schrieb ein Freund nach seinem Tod.

Bei unseren Versammlungen wurde zuerst ein Arbeiterlied gesungen. Dann wurde ein Vortrag gehalten, über den man diskutierte. Anschließend wurde wieder gesungen, zuletzt mit Inbrunst die »Internationale«. Und dann gab es Kaffee, und es wurde getanzt.

Ich hätte schon gern mit Jens getanzt, aber *das* konnte er nun nicht! Doch er begleitete mich nach Hause, einen langen Weg durch den Wald. Wir gingen die ganze Zeit Seite an Seite, während Jens ununterbrochen über den Sozialismus-Sozialismus-Sozialismus sprach. Plötzlich blieb er stehen, und ich dachte: »Jetzt wird er mich umarmen.« Er legte die Hände auf meine Schultern, sah mir tief in die Augen und sprach: »Rut, die Revolution *muß* nicht blutig sein!« Dann gingen wir weiter …

Jens studierte seit 1938 in Oslo Jura. Während der deutschen Besatzung Norwegens, seit 1940, gehörte er als Jüngster zur Führung der illegalen Heimatfront in Oslo. Als im Sommer 1942 meine Schwester Tulla und ich den Rat unserer Spitzenleute suchten, um eine befürchtete erneute Verhaftung zu vermeiden, war es Jens, der uns in Oslo in einer illegalen Wohnung erwartete. Er prophezeite uns einige

Wochen Konzentrationslagerhaft in Grini, falls wir bleiben würden; wollten wir dieses nicht riskieren, müßten wir nach Schweden fliehen. Wir entschieden uns für die zweite Möglichkeit. Jens mußte 1944 selber nach Stockholm flüchten. Dort arbeiteten wir dann beide Tür an Tür in der Botschaft der norwegischen Exilregierung. Ich saß im Pressebüro, klebte Bildunterschriften unter Pressefotos, die den Widerstandskampf in der Heimat dokumentierten, und durfte nach und nach auch eigene Texte schreiben. Jens beschäftigte sich im Chiffrierbüro mit ganz anderen Sachen: mit verschlüsselten Meldungen an unsere norwegische Regierung in London.

Nach dem Krieg wurde Jens Boyesen Staatssekretär bei Außenminister Halvard Lange, der aus dem KZ Sachsenhausen zurückgekehrt war. Jens beriet in New York die norwegischen Delegationen in der Generalversammlung der Vereinten Nationen, als Trygve Lie UNO-Generalsekretär war. Und seitdem wechselte er zwischen den Posten eines Staatssekretärs im Außen- oder Verteidigungsministerium und eines norwegischen Botschafters bei der NATO, der OECD in Paris oder der EG in Brüssel.

Auch wenn wir nicht ständig miteinander in Verbindung blieben, wußten wir doch stets, wo der andere war. Wenn Jens in der Welt unterwegs war, schrieb er häufig Briefe, so 1967, als er beim Forschungsinstitut des Verteidigungsministeriums tätig war: »Nächste Woche muß ich nach Rom und könnte vielleicht auf dem Rückweg in Bonn Station machen. Willy will ich nicht behelligen, aber solltest Du in den Tagen in Bonn sein, wäre es eine Wucht, Dich zu treffen. Aber grüß Willy!«

Wir trafen uns in Bonn, und wir trafen uns »über die Jahre«, wie er zu sagen pflegte, »in den alten heimatlichen Gefilden«, auf der Hütte in Vangsåsen über Hamar.

1963 fanden in Paris Berliner Kulturtage statt; im Mittelpunkt standen die Philharmoniker. Willy und ich waren dabei, auch wenn er sich seinen Memoiren zufolge nur an seine eigene Anwesenheit zu erinnern scheint. Marlene Dietrich war eingeladen und kam – auch Jens. Während des Empfangs trat er an mich heran und bat mich, ihn Marlene vorzustellen. Er unterhielt sich eine Zeitlang mit ihr, kam wieder zu mir und sagte: »Jetzt habe ich was zum Angeben, wenn ich nach Hause komme.«

1979 schrieb Jens mir aus Paris: »Ich habe gehört, Willy und Du habt Euch getrennt ... Nun weiß ich ja nicht, wie Deine Verfassung ist, aber eine private Parisreise sollte in jedem Fall erfrischend wirken. Hier gibt es im Herzen wie im Haus ein Zimmer für Dich, und die Tür steht immer offen. Dann können wir über die alten Zeiten reden und über unsere damaligen Großtaten. Und ich werde alles tun, daß Du in Paris nicht unter die Räuber fällst! Dein Jens.«

Jens, mein Freund fürs ganze Leben, starb 1996. Der Schriftsteller Anders Buraas, sein guter alter Freund, schreibt in seinem Nachruf: »Mit der Zeit nahmen die Depressionen überhand. Sie waren krankheitsbedingt und unheilbar. Außerdem schien es so, als ob sein Gehirn nicht genug geistige Nahrung erhielt. Er hatte ja so viele sagen hören, er sei einzigartig und herausragend. Nach und nach glaubte er es wohl selbst.«

Eva

Nennen wir sie Eva. Während meiner Kindheit waren wir Nachbarn, und so sahen wir uns oft. Als Norwegen 1940 in den Krieg hineingezogen wurde, arbeitete sie im Büro eines Mannes, der Nazi wurde – und auch sie schloß sich der norwegischen NS-Organisation an. Seitdem war sie Luft für mich. Ich sprach nicht mehr mit ihr und grüßte sie nicht mehr.

Sie stolzierte umher in ihrer Naziuniform und führte sich auf, als ob Land und Leute ihr gehörten.

Eines Tages, es war im Frühjahr 1941, befand ich mich auf dem Heimweg. Auf der breiten Landstraße waren weder Fußgänger noch Autos zu sehen, als ich von Ferne jemanden auf der anderen Straßenseite entdeckte. Als die Person näher gekommen war, erkannte ich die schwarze Uniform und das hellblonde Haar. Es war Eva. Als sie mich bemerkte, wechselte sie plötzlich die Straßenseite. Ich wußte, daß es meinetwegen war. Während sie mir schnell entgegenkam, sah sie mir in die Augen, und ihr Mund zeigte ein leichtes, höhnisches Grinsen. Also sagte ich mir: »Ich werde nicht aus dem Weg gehen!« Wir kamen uns näher. »Nein, für sie werde ich nicht aus dem Weg gehen!«

Schließlich waren wir so nahe beieinander, weit und breit keine Autos und keine Menschen, daß ich ihren Atem riechen konnte. Im letzten Moment ging ich ihr aus dem Weg, trat vom Gehsteig auf die Straße.

Sie lachte – etwa über meine Feigheit? Das kriegst du wieder. Die Zeiten ändern sich.

Ich vergaß dieses Erlebnis nicht. Vielmehr fühlte ich in mir einen Wunsch nach Rache, den ich niemals vorher gekannt hatte. Die ganzen nächsten drei Jahre, während der ich als Flüchtling in Schweden lebte, vergaß ich es nicht. Der Tag der Rache würde kommen.

Im Sommer 1945 machte ich Urlaub in Norwegen. Im Mai war der Krieg zu Ende gegangen. Meine Arbeit in der Botschaft in Stockholm sollte aber noch bis zum Herbst dauern.

Eines Tages war ich mit meiner Schwester Tulla in der Stadt unterwegs. Wir standen an einer Straßenecke, als Tulla sagte: »Drüben ist

Eva.« Ich fühlte mein Herz schlagen, und dann sah ich sie: in sich zusammengesunken, wirkte sie hoffnungslos. In dem Moment war jedes Bedürfnis nach Rache verweht. »Laß uns gehen«, sagte ich zu Tulla. Seitdem habe ich Eva nicht mehr gesehen.

Erszi

Erszi rief uns vom Bonner Bahnhof an: »Könnt ihr mich abholen?« Also machten wir uns wie unzählige Male zuvor auf den Weg zum Hauptbahnhof. In der Bahnhofshalle saß Erszi, vor sich einen vollen Gepäckwagen. Ihren weißen Stock hielt sie fest in der linken Hand; mit kurzen, ungeduldigen Stößen tastete sie ab und zu den Fußboden ab.

Seitdem ihr Mann tot war, reist Erszi, inzwischen hochbetagt, beinahe jeden Sommer nach Bonn und von dort weiter nach Berlin, Prag, Wien und Budapest, die wichtigsten Stationen des Leidenswegs, den Stefan und sie als politisch verfolgte jüdische Flüchtlinge in den dreißiger Jahren hatten zurücklegen müssen. Immer wieder von neuem wunderten wir uns, woher sie die Kraft nahm, als schwer Geh- und Sehbehinderte (faktisch war sie beinahe blind) allein solche langen Reisen zu unternehmen.

Das zwanzigste Jahrhundert war keine drei Jahre alt, als Erszebet Csillag in Budapest geboren wurde. Sie starb als Erszi Szende in Stockholm im 95. Lebensjahr, als vom Jahrhundert keine drei Jahre mehr übrig waren. Ihr ganzes Leben war – mit Leid und Liebe – ein klares und getreues Spiegelbild unseres Jahrhunderts. Wie alle anderen Familienmitglieder starben ihre jüdischen Eltern in Auschwitz. Stefan und Erszi kamen noch rechtzeitig davon – sie hatten Glück im Unglück – und landeten 1937 in Schweden, wo sie Asyl erhielten und nach dem Krieg eingebürgert wurden.

Ich lernte Erszi während des Krieges in Schweden kennen, und wir wurden Freundinnen. Im Sommer 1944 luden Erszi und Stefan Willy und mich nach Småland ein, wo sie ein kleines, an einem See gelegenes Sommerhaus gemietet hatten. Wir schwammen und führten in den hellen Sommernächten lange Gespräche. Erszi erzählte mir von dem unglaublich harten Leben, das sie mit Stefan und der kleinen Tochter Barbara zu bestehen hatte. Willy und Stefan hatten stets reichlich politischen Gesprächsstoff. Ihre Wege hatten sich mehrmals gekreuzt, und in den zurückliegenden zehn Jahren schritten sie in dieselbe Richtung. Von verschiedenen Ausgangspunkten her hatten sie sich mit der Niederlage der Arbeiterbewegung in ihrem Abwehrkampf gegen den Nazismus auseinandergesetzt und diesen als Hauptfeind begriffen.

Stefan stammte aus einer wohlhabenden jüdischen Familie aus Budapest; wie Erszi verlor auch er seine Angehörigen während des Zweiten Weltkriegs in den Todeslagern.

Er selbst lehnte sich schon früh gegen seine autoritäre Familie und seine Herkunft auf, und er wurde Kommunist während des revolutionären Zusammenbruchs der Donaumonarchie am Ende des Ersten Weltkriegs. Als später die Gegenrevolution Béla Kuns Räterepublik bedrohte und dann zerstörte, wurde er gefangengenommen und zu acht Jahren Zuchthaus verurteilt. Später gelang ihm die Flucht nach Wien, wo er sein Philosophie- und Soziologiestudium wiederaufnehmen und mit der Promotion abschließen konnte. Aus der Kommunistischen Partei wegen »Rechtsabweichung« ausgeschlossen, stieß er – wie Willy, der aus der SPD und der sozialistischen Jugendbewegung kam – zur Sozialistischen Arbeiterpartei (SAP), die beide große Richtungen der Linken kritisierte und nach 1933 im Exil für eine schlagkräftige und zugleich demokratische Einheitspartei der deutschen Sozialisten eintrat.

Erszi war dabei, eine anerkannte Opernsängerin zu werden, als sie 1929 ein Stipendium erhielt, ihre Stimme in Wien weiter auszubilden. Dort verkehrte sie auch in ungarischen Emigrantenkreisen, wo sie Stefan begegnete. Sie heirateten, und nach einiger Zeit wurde ihre Tochter Barbara geboren. Als die Eheleute sich zwei Jahre später entschlossen, nach Berlin zu gehen, kam das Kind zu den Großeltern nach Budapest. In Berlin wurde Stefan einer der führenden Funktionäre der SAP, was ihn beinahe das Leben gekostet hätte. Im Dezember 1933 verhaftet, stand er im darauffolgenden Jahr zusammen mit dreiundzwanzig SAP-Leuten vor Gericht, angeklagt staatsfeindlicher Tätigkeit und der Führung einer verbotenen Partei.

Der Staatsanwalt beantragte für Stefan die Todesstrafe wegen schweren Hochverrats, doch der Prozeß nahm eine unerwartete Wendung. Es war die erste Strafsache, die der von Hitler neugeschaffene Volksgerichtshof verhandelte. Doch es hagelte Proteste von ausländischen Juristen, weil ein rückwirkendes Gesetz angewandt werden sollte; es war erst elf Monate nach Stefans Verhaftung in Kraft getreten. Während dieser Zeit hatten sie Stefan im Hauptquartier der Gestapo so durchgeprügelt, daß sein Körper wie ein Flechtwerk von Wunden und Narben aussah und seine

1 Rut (links) und ihre Schwester Tulla im Flüchtlingslager Kjesäter, 1942

2 Rut (links) und Tulla in Stockholm, 1944

3 Rut und ihr erster Mann Brum (in der Mitte), Tulla (rechts), Ruby und Hans Jørstad, Stockholm 1943

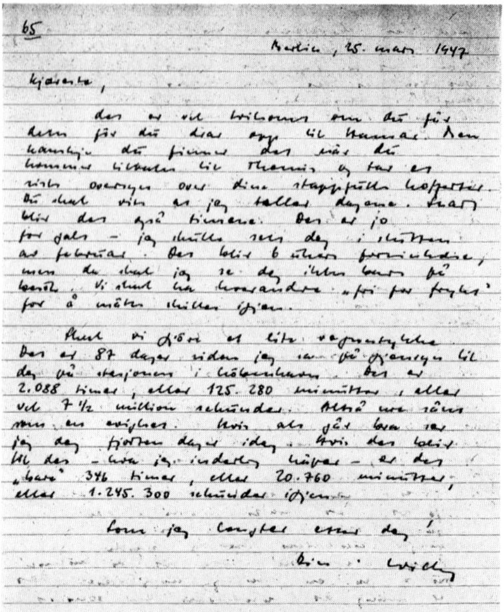

65

Berlin, 25. mars 1947

Kjæreste,

Det er vel tvilsomt om du får dette før du drar opp til Hamar. Den kanskje du finner det når du kommer tilbake til Thomas og tar et siste overblikk over dine stappfulle kofferter. Du skal vite at jeg teller dagene. Snart blir det også timene. Det er jo for galt – jeg skulle sett deg i slutten av februar. Det blir 6 ukers forsinkelse, men da skal jeg se deg ikke bare på besøk. Vi skal ha hverandre uten å frykte for å måtte skilles igjen.

Skal vi gjøre et lite regnestykke. Det er 87 dager siden jeg sa på gjensyn til deg på stasjonen i København. Det er 2.088 timer, eller 125.280 minutter, eller vel 7½ million sekunder. Altså noe sånt som en evighet. Hvis alt går bra ser jeg deg fjorten dager idag. Hvis det blir til det – hva jeg inderlig håper – er det „bare" 346 timer, eller 20.760 minutter, eller 1.245.300 sekunder igjen.

Som jeg lengter etter deg!

Din Willy

4 Brief von Willy Brandt (s. Seite 45)

5 Mit Willy Brandt in Berlin, Frühling 1947

6 Während einer Nordamerikareise an Bord eines Mississippi-Dampfers, 1959

7 1960 in Berlin-Schlachtensee

8 Mit Bundesaußenminister
Willy Brandt, 1967

9 Mit Bundeskanzler
Willy Brandt, 1972

10 Im *Spiegel*-Gespräch, 1972

11 1963 in Berlin-Schlachtensee, mit Sohn Matthias

12 Norwegen 1966: mit Sohn Matthias vor der »hytta« (Hütte) in Vangsåsen

13 Bonn 1981

14 Rentierrennen in Kautokeino, Finnland 1971 (s. Seite 110/111)

15 Mit Enkelin Karoline vor der »hytta« (Hütte) in Vangsåsen, Norwegen 1988

16 Mit Sohn Peter an ihrem 80. Geburtstag in Berlin-Mitte, 2000

17 Rut Brandt und ihr langjähriger Lebensgefährte Niels Nørlund, Bornheim 2001

Gliedmaßen auf den doppelten Umfang angeschwollen waren.

Die NS-Justiz erschrak vor der Reaktion des Auslands und entschied sich, gegen die SAP-Leute einen Musterprozeß durchzuführen, um der Welt einen vermeintlich funktionierenden deutschen Rechtsstaat zu zeigen. Zum ersten und letzten Mal tagte der Volksgerichtshof öffentlich. Als Erszi und die anderen Ehefrauen der Hauptangeklagten – sie hatten eine spezielle Einladung erhalten – im Gerichtssaal Platz nahmen, saßen sie neben Korrespondenten der »Times«, des »Guardian« und des »Figaro«.

Stefan Szendes Pflichtverteidiger war ein höherer SS-Offizier. Dieser verabredete mit dem Vorsitzenden Richter, daß Stefan die Gestapo beschuldigen sollte, unter Folter falsche Geständnisse erpreßt zu haben. Um dies zu belegen, entblößte Stefan seinen Körper vor Gericht. Als der daraufhin als Zeuge vorgeladene Gestapo-Kommissar nicht vor Gericht erschien, wurde er verhaftet und mit seinen Leuten wegen Amtsmißbrauch verurteilt. Das hinderte allerdings nicht seine spätere Beförderung. Er starb bei der Besetzung Norwegens mit der Vorhut der Gestapo am 9. April 1940, als der Kreuzer »Blücher« beschossen wurde und im Oslofjord sank.

Für Stefan endete die Angelegenheit damit,

daß die einundzwanzig Verhörprotokolle der Gestapo nicht als Beweismaterial anerkannt wurden. Er erhielt die denkbar niedrigste Strafe: zwei Jahre Zuchthaus unter Anrechnung der Untersuchungshaft statt der Todesstrafe – und Ausweisung aus Deutschland. Zudem bekam Erszi von der Gestapo einen Hinweis, wo und wann Stefan entlassen und mit welchem Zug er bis zur tschechischen Grenze verfrachtet werden würde.

Mit einiger Mühe erreichten sie beide Prag; es war kurz vor Weihnachten 1935, und vor ihnen lagen knapp zwei Jahre, die sie als staatenlose Flüchtlinge unter kümmerlichsten Bedingungen durchstehen mußten. Hinter Stefan lagen insgesamt vier Jahre, die er in ungarischen, österreichischen und deutschen Gefängnissen hatte absitzen müssen. In Wien waren sie einigermaßen zurechtgekommen, weil Erszi neben ihrer Gesangsausbildung ein wenig dazuverdienen konnte, indem sie Klavierunterricht gab. In Berlin war es viel schwieriger. In der Zeit, in der er nicht in Haft saß, erhielt Stefan etwas Unterstützung von der SAP, doch Erszi mußte für den bescheidenen Lebensunterhalt sorgen. Sie nahm in einer Textilfabrik eine Stelle als Näherin an, wo sie bis zu sechzehn Stunden täglich eine Maschine bedienen mußte. Als sie das schließlich körperlich nicht mehr schaffte, bekam sie durch die jüdische Arbeitsvermittlung eine Teilzeitbeschäftigung als Hausgehilfin bei einem jüdischen Arzt. Aber das reichte bei weitem nicht ...

In Prag war Stefan der Verdiener. Als Leiter des Auslandbüros der SAP erhielt er ein kleines Gehalt. Ferner schrieb er für die Parteipresse und für andere deutschsprachige Zeitungen. Alles in allem betrug sein Einkommen nur den Bruchteil eines Facharbeiterlohns. Nach langen Bemühungen, ein anderes Asylland zu finden, erhielten Erszi und Stefan im Herbst 1937 mit Unterstützung guter Freunde die Aufenthaltsgenehmigung für Schweden.

Erszi fuhr nach Budapest, um die kleine Barbara, die inzwischen sieben Jahre alt war, bei ihren Eltern abzuholen. Diese aber zögerten, sie in ein unsicheres Vagabundenleben zu entlassen. Erszi setzte ihren Willen mit dem Argument durch: »Es wird doch bald Krieg geben!«

In Schweden wurde es ziemlich bald besser. Mit Unterstützung des schwedischen Flüchtlingsfonds und im Auftrag der gewerkschaftlichen Bildungseinrichtungen hielt Stefan unzählige politische Vorträge. Daneben hatte er Gelegenheit, ein Buch über den Machtkampf an der Donau zu schreiben; es erschien am Tag vor der Münchner Konferenz und wurde ein großer Erfolg: »Dagens Nyheter«, die große liberale Zeitung, engagierte Stefan als außen- und wirtschaftspolitischen Kommentator, was er bis zum Ende des Krieges blieb.

Das letzte Mal war Erszi im Jahr 1990 in Europa unterwegs, wenn ich mich recht erinnere. Sie war siebenundachtzig Jahre alt und beinahe blind, aber quicklebendig und ganz klar im Kopf. Sie wollte mich besuchen, als sie in Bonn Station machte, hatte aber auch eine kurze Verabredung mit Willy. Am meisten lag ihr am Herzen, einen Beamten im Bundespräsidialamt persönlich dafür zu danken, daß man ihr eine kleine Witwenpension bewilligt hatte.

Stefan war 1983 gestorben. Sie hatten sechsundfünfzig gute und schwere Jahre zusammen verbracht. Barbara war ihr einziges Kind, denn Erszi hatte sich geschworen, nicht noch einmal schwanger zu werden, solange Hitler an der Macht war.

Im Spätsommer dieses Jahres 1990 machte sie – trotz schwacher Beine und eines krummen Rückens – einen Spaziergang in einem Budapester Park. Sie fragte zwei weibliche Touristen nach dem Denkmal für Raoul Wallenberg, zuerst auf ungarisch, dann auf deutsch. Und als sie einige schwedische Laute hörte, versuchte sie es auf schwedisch und stellte sich vor. Die Damen waren vom Schwedischen Rundfunk und verabredeten ein Interview über Erszis Leben mit all den Einblicken in die europäische Zeitgeschichte.

Später schickte Erszi mir eine Tonbandaufnahme der Sendung, in der die Höhepunkte ihrer unvergleichlich plastischen und menschlich aufwühlenden Schilderung gut herauskamen. Als sie am Ende gefragt wurde, ob sie nach einem solchen Leben nicht Haß auf die Menschen empfände, schob sie diesen Gedanken als abwegig beiseite: »Ich liebe die Menschen mit allen ihren Fehlern, denn nichts und niemand ist fehlerfrei. Ich bin immer skeptisch gegenüber allzu romantischen Vorstellungen über die Möglichkeiten perfekten menschlichen Verhaltens gewesen. Man muß sein Entsetzen aktiv bekämpfen, indem man für andere Gutes tut. Und man darf sich nicht unterkriegen lassen. Ich finde, ich habe ein sehr reiches Leben gehabt, und im Lauf dieses Lebens bin ich innerlich ein freier Mensch geworden.«

Erszi wurde gefragt, welches das glücklichste Ereignis in ihrem Leben gewesen sei, und ohne das geringste Zögern sagte sie: »Als ich meinen Mann heiratete ...«

Nach der Ausstrahlung des Interviews sagte sie mir nur: »Kannst Du Dir vorstellen: ich habe drei und eine halbe Stunde auf Tonband gesprochen, und sie haben im Radio *nur eine halbe Stunde* gesendet!«

Wer ist Niels?

Vor zehn Jahren schrieb ich ein Erinnerungsbuch über mein norwegisches und deutsches Leben: *Freundesland* hieß es. Nachdem die norwegische Ausgabe erschienen und auf einer Pressekonferenz vorgestellt worden war, sagte mein Verlagslektor: »Morgen wird im ganzen Land ein Ruf erschallen: Wer ist Niels?«

Auf der letzten Seite des Buches heißt es, wir säßen jetzt auf der Terrasse unserer Wohnung bei Bonn, wo schon der Flieder blühte, »und Niels und ich werden bald den ersten frischen Spargel von den Feldern in Roisdorf bekommen«. Ansonsten war von ihm in dem Buch nicht die Rede, obwohl wir damals schon zehn Jahre zusammengelebt hatten. Das lag aber nicht an mir. Er wollte es so, und ich habe das respektiert.

Nun sind wir aber zwanzig Jahre lang Lebensgefährten gewesen und so alt geworden, daß ich mich nicht mehr gehemmt fühle zu schreiben, was ich will. Und ich finde, es gibt einiges aus dem Leben von Niels Nørlund, das berichtenswert ist.

Ich kenne Niels, seit ich 1947 nach Berlin kam, um mit Willy zusammenzusein, zuerst als seine Sekretärin, dann als angetraute Gattin und Mutter seiner Söhne. Willy und Niels kannten sich seit der letzten Phase des Kriegsverbrecherprozesses in Nürnberg 1946, als Niels seine Tätigkeit als Deutschland-Korrespondent von »Berlingske Tidende« aufnahm, während Willy – auf dem Weg zurück in die deutsche Politik – als Journalist seine skandinavische Periode beendete. Niels wohnte von da an in Berlin. Wir wurden gute Freunde. Natürlich sprachen wir über die Kriegszeit und über die Nachkriegssituation in Berlin, niemals hingegen über unsere persönlichen Erlebnisse während des Krieges. Ich wußte natürlich, daß Niels im deutsch-besetzten Dänemark im Gefängnis gesessen hatte und schwer mißhandelt worden war. Es sollten aber viele Jahre vergehen, bevor ich Näheres erfuhr.

Nach dem Ende der Berliner Blockade wurde Niels nach England und ein Jahr später nach Amerika versetzt, wo er sieben Jahre tätig war. Im Mai 1970 kam er nach Bonn, diesmal als Chefredakteur, um an einer Fernsehdiskussion teilzunehmen, die aus Anlaß des fünfundzwanzigsten Jahrestages der deutschen Kapitulation stattfand. Willy war im Ruhrgebiet auf einer Wahlkampfreise für die bevorstehende Landtagswahl, und so feierten Niels und ich abends bei Ria Maternus in Godesberg ein herzliches Wiedersehen. Ria schenkte jedem von uns einen kleinen Silberspatzen zum Andenken an einen schönen Abend.

Danach hielten wir unregelmäßig Kontakt, und Niels gehörte zu den wenigen, die meinen anläßlich der Scheidung an nahe Freunde gerichteten Brief erhielten: Falls Sie sich wundern sollten, daß wir uns nach 33 Jahren trennten, könnte ich nur sagen: »So ist es eben!«

Im Jahr darauf kam Niels nach Bonn, um Willy das letzte Mal als SPD-Vorsitzenden zu interviewen. Das wurde unser Schicksal, wiederum besiegelt bei einem Abendessen bei Ria.

Es sollten drei, vier Jahre unseres Zusammenlebens vergehen, bevor ich Kenntnis von alldem erhielt, was Niels durchgemacht hatte. Als wir in Kopenhagen wohnten, zeigte er mir eines Abends ein altes Manuskript, das er gerade in seiner Schreibtischschublade gefunden hatte. Es war ein ausführlicher Bericht über seine Verhaftung durch die Deutschen, deren Hintergrund und Folgen, im August 1944, zwei Tage nach seinem zwanzigsten Geburtstag. Niels hatte den Bericht im August 1945 auf Bitten der dänischen Behörden geschrieben, als er nach der Befreiung wegen der Spätfolgen der Verhörmethoden im Gestapo-Hauptquartier im Krankenhaus lag. Ich las mit großer Bewegung die neunundzwanzig Seiten, und sein Bericht von damals ist jetzt die Grundlage für meine Schilderung. Das Schicksal wollte es, daß Niels in den Klauen eines der schlimmsten dänischen Handlanger des Gestapo/SD-Apparats landete: Ib Birkedal Hansen, ein Mann aus dem Grenzland in Nordschleswig, wo die nationale Loyalität zwiespältig sein konnte.

Niels wurde verhaftet als Mitarbeiter des geheimen Post- und Flüchtlingsverkehrs nach Schweden über den Öresund, der von der Widerstandsbewegung organisiert war. Mit Fischerbooten und mit Hilfe der Mannschaften von Fähren und Verkehrsflugzeugen und sogar Patrouillenbooten der Grenzpolizei wurde täglich Kontakt zu den Exil-Organen der Dänen in Schweden gehalten. Fast jeden Tag brachte er dicke Umschläge mit vertraulichen Berichten und Fotos von der Tätigkeit der Widerstandsgruppen und von den deutschen

Repressalien ins geheime Büro der illegalen Grenzgänger, die zum Dänischen Pressedienst in Stockholm geschickt wurden. Als Kriminalreporter bei »Berlingske« konnte er von dem politischen Nachrichtendienst der dänischen Polizei Auskünfte über alles, was geschehen war, bekommen; es konnte wegen der deutschen Zensur natürlich nur für die illegale Presse verwendet werden. Ab 1943 gab er auch die unterdrückten Meldungen an den Schwedischen Rundfunk weiter, dessen Nachrichtensendungen in Dänemark viel gehört wurden, fast so viel wie die der BBC.

Im Hochsommer 1944 kam es zu einer kritischen Situation für die deutsche Besatzungsmacht. Aus Protest gegen die Okkupationspolitik lähmten »Volksstreiks« die größeren Provinzstädte. Als diese Welle Kopenhagen erreichte, wurde über die Hauptstadt der Ausnahmezustand verhängt. Die Stadt wurde abgeriegelt, Wasser- und Stromversorgung wurden unterbrochen. Es wurden Standgerichte einberufen, und beinahe täglich gaben die Deutschen offiziell die Hinrichtung dänischer Saboteure und anderer Widerstandskämpfer bekannt. Ende Juli konnte die Gestapo mit Hilfe eines Spitzels das illegale Büro stürmen. Der Leiter und sein engster Mitarbeiter wurden auf der Stelle erschossen. Und jetzt war Niels mittendrin. Ihm wurde aufgetragen, die zerstreuten Fäden wieder zusammenzuführen und die Verbindungswege und den Briefverkehr aufrechtzuerhalten, bis mit den Stützpunkten in Schweden eine neue Struktur gefunden worden wäre.

Das ging nur wenige Wochen. Dann wußte die Gestapo über denselben Spitzel Bescheid und besetzte das neue Büro, als gerade niemand dort war. Zwei Besucher wurden verhaftet, als sie kamen. Niels war mit Post unterwegs bis zum späten Nachmittag, aber dann geriet auch er in die Falle. Er versuchte noch zu fliehen, stolperte aber über den Bordstein und fiel der Länge nach hin. Seine Pistole flog aus der Innentasche auf den Bürgersteig, und das war es dann.

Im Gestapo-Hauptquartier mußte er alle Kleider ausziehen und sich nackt über einen Tisch beugen, während die Gestapo-Leute mit einem Stock auf den Rücken, die Lenden und die Oberschenkel einprügelten, bis Blut floß. Als er vor Schmerzen schrie, weinte und seine Peiniger verfluchte, hetzten sie ihre Hunde auf ihn. Und als er mürbe zu sein schien, kam er zum Verhör beim Chef: Birkedal Hansen wollte alles über seine Kontakte wissen und unterstützte das »Verhör« durch einen Gummiknüppel, mit dem er die Arme und die Beine von Niels lahmschlug. Nachdem er versucht hatte, sich zu verteidigen, erhielt er plötzlichen einen Kinnhaken und fiel zu Boden, so daß sein Gegenüber ihm in den Magen treten konnte.

Nach sechs Stunden bekam er eine Zigarette und ein Glas Wasser. Man erinnerte ihn daran, daß jetzt Standrecht galt und daß er um sechs Uhr früh erschossen würde, wenn er nicht vernünftig wäre und auspackte. Um ein Uhr wurde er zum Gefängnis gefahren. Nach ein paar Stunden: »Fertigmachen zur Vernehmung in fünf Minuten!« Also zurück zum Hauptquartier, und dann nach weiteren vier Stunden Verhör wieder ins Gefängnis. Auf diese Weise wurde er tagelang hin- und hertransportiert.

Am meisten war Birkedal Hansen daran interessiert, wie die Nachricht über einen schweren Fall von Geiselmord in der Woche davor durchgesickert war. Elf Angehörige des Widerstands, die in Gestapo-Haft saßen, waren aus dem Keller des Hauptquartiers geholt und auf einem Lastwagen weggefahren worden. Auf einer Landstraße zwischen Roskilde und Ringsted, mitten auf Seeland, wurden sie »auf der Flucht erschossen«, die Leichen anschließend zum Keller des Hauptquartiers zurücktransportiert. Niels hatte über seine Kontaktleute bei der Polizei von der grausamen Geiselerschießung gehört und hat mit dafür gesorgt, daß sie lang und breit im schwedischen Radio bekannt gemacht wurde. Birkedal hatte ihn in Verdacht, und weil er selbst die Verantwortung für die Aktion trug, war er sehr daran interessiert, Niels eine Aussage abzupressen – mit aller Gewalt.

Niels schrieb in seinem Bericht: »In derselben Nacht war ich fünf Stunden lang bei Hansen im Verhör. Er schlug mich. Ich weigerte mich aufzugeben. Er schlug mich, und ich schrie und weinte und verweigerte mich. Als das überstanden war, war ich sicher, daß ich dichthalten würde. Man kann sich zwingen, sich nicht zu erinnern, und was ich nicht aussagen wollte, vergaß ich wirklich. Schließlich war es mir nicht mehr möglich, mich daran zu erinnern. Erst viel später tauchte es in der Erinnerung auf.«

Einige Tage wurde Niels in Ruhe gelassen. Dann kam Birkedal in seine Zelle und sagte zu ihm: »Nørlund, das Standgericht hat getagt, und ich muß dir mitteilen, daß du zu Tode verurteilt bist. Du hättest etwas entgegenkommender sein können, dann hätte ich dir vielleicht helfen können, aber wie die Dinge stehen, konnte ich nichts tun. Eigentlich gefällt mir das nicht, denn ich finde, daß du zu jung bist, um zu sterben.«

Er ließ zwei Blatt Papier da; eines für das Gnadengesuch an Dr. Werner Best, den Reichsbevollmächtigten, und ein anderes für einen Brief an die Eltern, den er nach der Hinrichtung zuzustellen versprach: »Du kannst keinesfalls damit rechnen, begnadigt zu werden. Die Vollstreckung ist auf Donnerstag früh festgesetzt.«

Als Birkedal gegangen war, mußte Niels weinen, setzte sich aber bald nieder, um seine Briefe zu schreiben: zuerst das ausführliche Gnadengesuch, dann ein knappes und ruhiges Schreiben an die Familie. Einige Stunden später holte Birkedal Hansen die Briefe ab.

Eigentlich konnte Niels sich nicht vorstellen, daß ein Todesurteil so formlos verkündet werden konnte. Vielleicht sollte er nur psychisch unter Druck gesetzt werden. Aber er war ziemlich niedergeschlagen und schwankte zwischen Zweifel und Unglauben. Ihm blieben noch zwei Tage und zwei Nächte. Er suchte den Trost des Häftlings in der Nachbarzelle, mit dem er sich öfter über Klopfsignale mit dem Morsealphabet verständigte: einmal für Punkt, zweimal für Strich. Am letzten Tag schwankte die Stimmung zwischen hell und dunkel. Er versuchte, sich fröhlich zu singen. Er memorierte eine kleine Rede, die er an das Exekutionskommando richten wollte, verwarf sie aber wieder. Am Mittwoch abend konnte er nur schwer einschlafen, doch er wachte am Donnerstag morgen erst um sechs Uhr auf, als die Wärter an alle Türen klopften. Das bedeutete, daß an diesem Tag keine Hinrichtungen mehr stattfinden würden, denn diese wurden stets vor Tagesanbruch durchgeführt.

Danach holte man ihn nicht mehr zum Verhör. Drei Wochen später wurde er mit dem ersten Gefangenentransport vom Kopenhagener Gefängnis zum Gefangenenlager Frøslev überführt, nördlich der dänisch-deutschen Grenze; es war ein Durchgangslager für Weitertransporte in die deutschen Konzentrationslager. Niels blieb in Frøslev bis zum Kriegsende.

Er traf Birkedal Hansen noch einmal: Im April 1947 suchten ihn amerikanische Kriminalpolizisten im britischen *Press Camp* in Berlin auf und baten um seine Hilfe bei der Identifizierung eines Mannes, der in Marburg verhaftet worden war. Die dänische Polizei hatte den Tip gegeben, daß Nørlund einen Blick auf den Gefangenen werfen sollte.

Niels fuhr umgehend nach Westdeutschland, um zu sehen, ob die Amerikaner wirklich Birkedal in die Finger bekommen hatten. Dieser war verhaftet worden, zwei Tage nachdem ein Steckbrief mit einem Bild von ihm eingetroffen war. Jetzt saß er selbst im Keller der Villa, wo die »Central Investigation Division« der Amerikanischen Armee ihren Sitz hatte.

Birkedal ähnelte kaum noch dem dreisten Gestapo-Büffel von Kopenhagen. Er hatte nur noch Unterwäsche an, das Gebiß hatte man ihm abgenommen, um einen Selbstmordversuch zu verhindern. Er war am 5. Mai 1945 mit falschen Entlassungspapieren über die dänisch-deutsche Grenze gegangen. Die letzten beiden Jahre hatte er bei den Amerikanern gearbeitet.

Für Niels war es ein kleiner Schock, die totale Erniedrigung dieses Mannes zu sehen. Er war ein Wrack. Jetzt war er derjenige, der Angst hatte. Während der Gegenüberstellung gab er – auf Fragen von Niels – seine Mitwirkung an der Ermordung der elf Freiheitskämpfer auf der Landstraße von Roskilde zu. Er versuchte, die Schuld auf den Gestapo-Chef Bovensiepen und seine direkten Vorgesetzten zu schieben. Doch nach dänischem Recht wurde er als der schlimmste Terrorist unter der Besatzungsherrschaft zum Tode verurteilt, bestätigt durch alle Instanzen bis zum Höchsten Gerichtshof.

1951 wurde Ib Birkedal Hansen hingerichtet. Er war der letzte Landesverräter, den während der rechtlichen Auseinandersetzung Dänemarks mit der Kollaboration diese schwerste Strafe traf.

Lise

Lise Börsum hatte mir aus Norwegen geschrieben und mich gebeten, einen Besuch im Flüchtlingslager in West-Berlin zu organisieren. Das war im Sommer 1950. Sie bereitete ihr drittes Buch über ihre Erfahrungen mit Deutschland vor. In dem ersten, das kurz nach dem Krieg erschien, berichtete sie über die Zeit ihrer Gefangenschaft im Frauen-Konzentrationslager Ravensbrück. Im Jahr danach schrieb sie »Spiegelbilder«. Es ging darum, wie schwer es war, sich von dem zu befreien, was sie und andere durchgemacht hatten, und in ein normales Dasein zurückzufinden. Jetzt sollte sie über Nachkriegsdeutsche auf der Flucht schreiben.

Aber es war nicht so einfach, in das Berliner Flüchtlingslager zu gelangen. Zweimal war ich wegen der Genehmigung bei Frau Luders im

Rathaus. Ich sollte nicht glauben, so erklärte sie mir, daß es für mich einfacher wäre als für andere, Zutritt zum Lager zu erhalten. Aber letztlich glückte es, und so fuhren Lise und ich an einem warmen Sommertag hinaus nach Marienfelde.

Wir wurden freundlich empfangen und erfuhren, daß täglich etwa einhundertfünfzig Personen ankamen; sie waren aus unterschiedlichen Gründen aus der Ostzone geflohen. Man schätzte, etwa die Hälfte wären politische Flüchtlinge, viele seien wegen der Zwangswerbung zu Volkspolizei und -armee über die Grenze gegangen, und ein Teil hoffte in West-Berlin sicherlich auf die besser gefüllten Fleischtöpfe. Die meisten Flüchtlinge wollten auf dem Luftweg nach Westdeutschland. Aber dort gab es schon zwölf Millionen Flüchtlinge und Heimatvertriebene und dazu noch gut zwei Millionen Arbeitslose.

»Lieber sterben, als wieder in die Hände der Russen fallen«, hörten wir immer wieder. Und: »Es stimmte, was Hitler uns über die Russen erzählte, unsere Angst war berechtigt.«

»Ich komme aus Ostpreußen«, sagte eine alte Frau. »Nach der Vertreibung von zu Hause schrieben einige von uns an die Russen und baten darum, zurückkehren zu dürfen; dafür gab es zehn Jahre Haft. Wir sind jetzt frei, aber viele andere sitzen noch.«

Lise und ich saßen nachher bei mir auf dem Balkon in der Sonne und sprachen über das Lager und was wir gesehen und gehört hatten; wir wollten beide darüber schreiben. Lise sagte: »Ich muß meine Strümpfe ausziehen, es ist hier so heiß!«

»Lise«, sagte ich erschreckt, »was ist mit deinen Beinen?« Sie waren voll schwarzer Flekken. Ich wollte wissen, was ihr zugestoßen war. »Ach, du weißt doch, daß ich in Ravensbrück war.« Mehr wollte sie darüber nicht sagen.

Im Frühjahr 1943 wurde Lise verhaftet und zur Viktoria-Terrasse gebracht, dem Hauptquartier der Gestapo in Oslo. Fehmer, der als der übelste Gestapo-Mann in Norwegen galt, leitete das Verhör. Als Lise nicht gestehen wollte, legte er die von ihm sogenannte »Klammer« um ihre Beine und drückte zu. Sie schrie ... und Fehmer drohte ihr damit, diese Klammer auch an den Handgelenken und am Hals anzusetzen, wenn sie nicht gestehe. Sie gestand zwar nicht selbst, aber belastete einen anderen aus ihrer Widerstandsgruppe, der rechtzeitig nach Schweden entkommen war.

Daraufhin kam Lise ins KZ Grini bei Oslo. Verglichen mit Ravensbrück, schrieb sie später, sei das beinahe wie das Paradies gewesen. Nach einiger Zeit wurde sie von Grini nach Deutschland überführt, um in Nacht-und-Nebel-Kommandos ihre Strafe zu verbüßen.

Fehmer wurde nach dem Krieg in Norwegen zum Tode verurteilt und hingerichtet.

Lise war eine von vierzehn norwegischen Frauen, die in demselben Transport nach Ravensbrück geschickt wurden. Sie kamen zusammen ins Lager, und sie hielten zusammen.

Lise hat es so beschrieben: »Wir spürten bald den Hunger, aber wir teilten alles. War es einer von uns gelungen, einige Kartoffeln oder Zwiebeln extra zu organisieren, bekam stets jede von uns vierzehn den gleichen Anteil. Niemand von uns beanspruchte etwas nur für sich und niemand etwas allein.

Aber dann kamen die Pakete aus der Heimat!

Die Paketempfänger fühlten sich erst sicher, wenn sie im Bett gelandet waren und auf der Speisekammer schliefen, die sie in ihre Strohmatratze eingebaut hatten.

Eines Tages wurde ich zum Verhör gerufen. Ich hatte furchtbare Angst, und trotzdem empfand ich eine Art hoffnungsvollen Bebens. Binders – so hieß er – wollte alles über meine Verhaftung wissen, über das Verfahren, meine politische Position, meine Pakete von zu Hause. Dann nahm er einen gelben Umschlag hervor – ich sah meinen Namen, geschrieben mit Mutters fester Schrift. Mein Herz pochte: Der Umschlag war gefüllt mit Karamelbonbons.

Binders wickelte alle aus, glättete die Einwickelpapiere auf dem Tisch und hielt jedes Papier gegen das Licht – es hätte ja etwas darauf stehen können, selbst ein lieber kleiner Gruß wäre gefährlich gewesen.

Dann fragte er, was das eigentlich für Süßigkeiten seien. ›Das sind Karamelbonbons‹, stammelte ich. ›Norwegische Karamelbonbons. Sie schmecken sehr gut ...‹

›Hier haben Sie Ihre Bonbons. Sie können gehen!‹ Ich bedankte mich, aber bevor ich mich umwandte, um zu gehen, bot ich Binders einen von Mutters Karamelbonbons an. Er sagte: ›Nein danke‹.

Ihm bot ich Köstlichkeiten an, ausgerechnet ihm, der am selben Tag anordnete, daß ich keine Pakete und Briefe mehr empfangen durfte, ihm, der entschieden hatte, daß ich nie mehr nach Hause kommen sollte.

Durch den wahnsinnigen Arbeitsdruck machte uns die Zeit im Block 7 in Ravensbrück alle krank. Wir wurden immer erschöpfter, und das Mitleid schwand. Nur das Gewissen brachte uns dazu, den Mitgefangenen vom Fenster des Krankenblocks gute Besserung zu wünschen. Ab und zu hat auch das Gewissen versagt. Ich benötigte meine ganze Kraft, um mich selbst über Wasser zu halten. Dann machte ich die Augen zu und ließ die anderen ertrinken.

Binders, der Frauenschinder, der das Tempo in der Fabrik stets beschleunigen konnte, weil wir ihn fürchteten wie den Teufel, erhielt mehr Auszeichnungen, je verheerender er wütete ... Binders war niemals lächerlich. Er prügelte, wenn die Pflicht es verlangte, und er nannte es seine Pflicht, wenn er schlug. Binders zeigte uns den dunklen Abgrund, der in jedem von uns verborgen ist. Nur wenige Gefangene sind wohl nicht weich geworden bei einem freundlichen Wort ihres Peinigers, sind nicht ein klein wenig dahingeschmolzen, wenn der Totenkopf Fotos der Frau, der Kinder und der Hunde hervorholte.

Käthe war ein ›Kapo‹, eine von denen, die für Ruhe und Ordnung sorgten – und dafür, daß die Arbeit diszipliniert und mit Präzision verrichtet wurde. Sie war, ursprünglich eine von uns, ein Beispiel dafür, wie man in dieser Schule die besten Zensuren erhalten konnte. Sie meldete ›Sabotage‹ und anderen Ungehorsam. Sie führte Blockrazzien durch, ließ uns zur Strafe den ganzen Tag strammstehen und selektierte Invaliden für die Vernichtung. Ihre ständige Leier: ›Sonst bekomme ich eins auf den Deckel!‹ Ihr Mann war wegen kommunistischer Tätigkeit erschossen worden, ihre beiden Söhne waren bei Bombenangriffen ums Leben gekommen. Durch die Umstände, in denen wir lebten, wurde unser Lager zu einer Gemeinschaft von Sklavenseelen und Augendienern, und es gab darunter auch Denunzianten.

Die Befreiung kam für uns am 7. April 1945 mit den ›Weißen Bussen‹, Graf Bernadottes Rettungsaktion für die skandinavischen Häftlinge in deutschen KZs, von Dachau über Sachsenhausen und Ravensbrück bis Neuengamme. Wir streckten die Arme aus, als die Busse kamen – wir durften nach Hause! Zum letzten Mal mußten wir uns, jeweils zu fünft, in Reih und Glied aufstellen, und das letzte Mal erhielten wir unsere Brotrationen ausgeteilt. Wir nahmen sie entgegen, auch wenn wir dorthin unterwegs waren, wo es uns besser gehen würde ...

Die Busse fuhren los; wir sahen uns um: Die Sonne schien auf die ›Politische Leitung‹, auf die SS-Villen, auf den See. Wir sahen den Garten und die hohe Mauer mit dem elektrischen Stacheldraht. Wir waren mit Ravensbrück fertig! Als wir Schweden erreichten, hatten wir immer noch die trockenen Brotscheiben bei uns. Man hätte sie den lebenden Skeletten in den Lagern geben sollen.«

Zwei Wochen, nachdem Lise Ravensbrück verlassen hatte, waren »Weiße Busse« von allen deutschen Konzentrationslagern in geschlossener Formation von Neuengamme in

Richtung dänischer Grenze unterwegs. Im Lager Frøslev, das kurz hinter der Grenze lag und als Durchgangslager nach Neuengamme für die dänischen Gestapo-Häftlinge diente, machten sie eine Nacht und einen Tag Station. Diejenigen unter den Freigelassenen, die in besonders schlechter gesundheitlicher Verfassung waren, sollten in der Krankenbaracke dort erste ärztliche Versorgung bekommen.

Am nächsten Vormittag tauchte Folke Bernadotte auf, um sicherzugehen, daß den Kranken von den dänischen Häftlingsärzten und -sanitätern ordentlich geholfen wurde. Der deutsche Lagerkommandant, ein SS-Sturmbannführer, versuchte den Grafen heimlich in die Krankenabteilung zu lotsen. Aber es wurde schnell im Lager ruchbar, daß Bernadotte da war, und gegen Mittag strömten innerhalb weniger Minuten Tausende Gefangene aus den Baracken über den Appellplatz zum Stacheldrahtzaun. Das hätte richtig schiefgehen können, wenn die Maschinengewehrposten auf den Wachttürmen die Nerven verloren hätten.

Doch als Bernadotte, aus der Krankenbaracke kommend, auf die Treppe trat und seinen Blick über die wogende Schar schweifen ließ, begannen die Häftlinge – zuerst vereinzelt, bald gemeinsam im Chor – die schwedische Nationalhymne zu pfeifen oder zu summen: »*Du gamla, du fria, du fjellhöga Nord*« … eine leise Huldigung an den Rote-Kreuz-Grafen, der so viele nordische Gefangene aus den Nazilagern gerettet hatte.

Bernadotte machte die Honneurs und schritt den Häftlingshaufen ab wie eine Ehrenkompanie. Währenddessen wußte der »Stuba« nicht, wie er sich in einer solchen Situation verhalten sollte, und humpelte hinter dem Grafen aus Schweden her.

Nach dem Krieg schrieb Lise Börsum in ihrem Buch »Spiegelbilder«: »Kürzlich sah ich ein Bild von Binders – er saß mitten in einer Reihe von SS-Leuten, die zum Tode verurteilt worden waren ... Es war ein so gewaltiges Erlebnis, ihn wiederzusehen, ich kann es kaum fassen. Ich empfand keine Freude, nicht einmal Erleichterung, ich fühlte etwas anderes, das ich nicht verstehen konnte: eine Art Zusammengehörigkeit. Ich kann es nicht erklären, aber ich spürte es so schwindelig intensiv, daß ich Angst bekam. Wer mich dafür verhöhnen will, mag das tun ...«

Lise starb 1985. Im letzten Sommer holte ich ihre Bücher wieder hervor. Außer ›Spiegelbilder‹ schrieb sie »Gefangene in Ravensbrück«, und nach dem Berlinbesuch 1950 kam »Ferngericht Moskau« heraus, das den Untertitel trug: »Aus Berlin und den sowjetischen Gefangenenlagern unserer Tage«. In Berlin war sie auf viele Schicksale von Menschen gestoßen, die unter den willkürlichen Übergriffen einer anderen Diktatur gelitten hatten.

DRITTER TEIL

Allein unter Freunden

Junge Jahre

Ich saß im Wohnzimmer und sah fern; Bastian, der Hund, lag mir zu Füßen. Er war eine spezielle Mischung von Bernhardiner und Dackel, doch er hatte einen guten Charakter und war treu – der ganzen Familie gegenüber.

Aus dem Eßzimmer hörte ich »Fröhliche Weihnachten« und »Frohe Ostern«. Es war nun zwar Frühsommer, aber um die Jahreszeiten hatte Rocco sich nie gekümmert. Rocco war ein zweisprachiger Papagei – Norwegisch und Deutsch – der ebenfalls zur Familie gehörte. Er wußte alle unsere Namen. Und obwohl Willy nicht länger bei uns wohnte, krähte Rocco weiterhin jeden Tag: »Guten Morgen, Herr Brandt!« Dann rief er: »Matthias, Matthias!«

Mit meinem Sohn lebte ich weiterhin zusammen: ich in einer größeren Wohnung im

Erdgeschoß, Matthias in einer kleineren. Dort konnte er sich zurückziehen und er selbst sein.

Jetzt stand er in der Tür, im Gesicht einen Ausdruck unendlicher Langeweile. »Willst du um diese Zeit ausgehen?« fragte ich. Es war acht Uhr abends. Die Zigarette im Mundwinkel, versuchte er mir zu erklären, daß er jetzt tatsächlich sechzehn Jahre alt sei und daß ich nicht verlangen dürfte, daß er jeden Abend um halb zehn zu Hause wäre.

»Aber du bist morgens immer so müde«, sagte ich. »Und willst du wirklich so gehen?« Er hatte ein weißes Hemd an, das einmal seinem Vater gehört hatte, dazu einen schwarzen Schlips und Hosenträger sowie einen hellen Staubmantel, der vor Jahrzehnten dem Vater eines Freundes gehört hatte.

Ich dachte daran, wie die Leute reagieren würden, wenn sie eine solche Ausgabe der hoffnungsvollen Jugend zu sehen bekamen. Auch ich hatte erst lernen müssen, wie wichtig es für Jugendliche sein konnte, durch schokkierendes Äußeres Unabhängigkeit und Überlegenheit zu zeigen.

Daß nicht jeder das verstand, wurde ihnen immer wieder deutlich gemacht. Ich bekam eine Ahnung davon, wie schwierig es war, heutzutage sechzehn Jahre alt zu sein. Ich konnte die Wut und Abneigung der Jungen gegen Anpassung und Konventionen nachvollziehen. Sie sahen sich nach dem Haarschnitt oder der Garderobe bewertet: kurze Haare und ordentliche Kleidung – brave Jugend ... lange Haare und eigenartige Kleidung – verdächtig und entsprechend zu behandeln.

Mit aufgesetztem Humor erzählten Matthias und seine Freunde von Leibesvisitationen auf Reisen und von Stichproben in Bussen und Bahnen, deren Opfer sie wurden, von schlechter Behandlung in Geschäften. Ich verstand ihr Mißtrauen gegen »die Älteren«, wenn sie über einen Ferienausflug berichteten, wo sie aus einem Lokal geworfen wurden, weil sie angeblich betrunken waren. Tatsächlich waren sie nur müde, und einer von ihnen war – seinen Kopf auf der Schulter des Freundes – eingeschlafen. Nun, ich habe seitens älterer, »anständiger« und »ehrbarer« Menschen Ausschweifungen ganz anderer Art erlebt.

»Du brauchst keine Angst zu haben«, sagte Matthias. Er kam zu mir und gab mir einen flüchtigen Abschiedskuß. Mit einem liebevollen Lächeln auf den Lippen blieb ich noch eine ganze Weile sitzen.

Um halb zehn war er wieder zu Hause. Er ging auf sein Zimmer, zündete eine Kerze an und legte eine Schallplatte auf.

Ria und Heilwig

»Kolibri« nannten sie ihre Klassenkameradinnen in der Klosterschule auf Nonnenwerth, einer kleinen Rheininsel zwischen Koblenz und Bonn; dort verbrachte sie die zweite Hälfte ihrer Schulzeit in der Obhut von Franziskanerinnen. Als Spitzname für Ria Maternus hätte man nichts Treffenderes erfinden können als »Kolibri«. Vor nunmehr siebzig Jahren verließ sie die Schule auf Nonnenwerth, um in Köln zu studieren, und immer noch eignet ihr dieselbe charakteristische Eleganz und farbig-strahlende Leichtigkeit, wenn sie in ihrem »Weinhaus Maternus« in Bad Godesberg wie ein Kolibri zwischen ihren Gästen schwebt und lautlos von Tisch zu Tisch schwirrt.

Seit einem halben Jahrhundert hat sie das berühmte »Weinhaus Maternus« in Bonn zu einer unumgänglichen Institution des politischen Lebens gemacht. Noch am letzten Rosenmontag lief sie in alter Karnevalstradition zu großer Form auf und tanzte auf den Tischen, als die Karnevalsmusik aus den Lautsprechern tönte.

Ria ist der letzte Sproß einer alten rheinischen Gastwirtsfamilie. Der lateinische Familienname geht zurück auf das Jahr 1593. Rias Urgroßvater und Großvater waren die Wirte und Eigentümer des ehrwürdigen Chausseehauses auf dem Scharlachberg über Bingen. Dort pflegten die Kaiser Rast zu machen, um sich zu stärken, wenn sie mit den Fürsten von und zu Wied auf der Jagd waren. Die Eltern heirateten dort, wie schon deren Eltern, doch später zogen Wilhelm und Gertrud Maternus ein Stück weiter nordwärts nach Neuwied, wo sie gegenüber der Kirche das »Wirtshaus Engel« eröffneten. Nach und nach wurden vier Kinder geboren. Die nächste Station der Familie war Bad Godesberg. Der alte Maternus baute am Rand des zauberhaften alten Städtchens, das man damals das »rheinische Potsdam« nannte, ein Haus; das war 1906. Es war das schmalste und schnurrigste vierstöckige Haus in der ganzen Gegend, eingezwängt zwischen großen Patrizierhäusern, wie sie in der Poststraße zwischen dem Postamt und dem Bahnhof zu finden waren.

Ria hatte drei Brüder, die alle jung starben. Der älteste, Wilhelm, kam bei einem Verkehrsunfall ums Leben, der jüngste, Karl, starb 1918, und Heinz wurde kurz danach das Opfer eine Grippeepidemie, die in ganz Westeuropa wütete. Also war Ria mit den Eltern allein, während sie aufwuchs. Obwohl sie einige Zeit Medizin studiert und sich zudem probehalber mit der Rechtswissenschaft versucht hatte, nahm der traditionelle Beruf der Familie schließlich auch sie gefangen. Der Vater starb, bevor der Zweite Weltkrieg zu Ende ging. Mutter Trautchen benötigte jede Art Unterstützung – und die erhielt sie von Ria.

1945 etablierte US-General George Patton mit sechsunddreißig Offizieren im »Weinhaus Maternus« sein Hauptquartier, als er beim Vorbeimarsch der amerikanischen Truppen über den Rhein Bad Godesberg einnahm; jetzt befand er sich im eigentlichen Deutschland. Patton besaß einen besonderen Nimbus. Als Deutschland im Lauf des Sommers in Besatzungszonen aufgeteilt wurde, zogen sich die Amerikaner aus Bad Godesberg zurück; sie wurden von den Engländern abgelöst. Einige Zeit blieb das »Weinhaus Maternus« das offizielle Gästehaus der Regierung des neugeschaffenen Landes Nordrhein-Westfalen. Nur drei Jahre später avancierte Bad Godesberg zum südlichen Vorort der neuen westdeutschen Hauptstadt Bonn, und zwar für mehr als vierzig Jahre.

Godesberg war und blieb der Ort, an dem die ausländischen Botschafter bevorzugt ihre Residenzen erwarben, und das »Weinhaus Maternus« wurde unter Rias Regie schnell ein reizvoller Treffpunkt sowohl für die Diplomaten wie für die deutschen Politiker aus Regierung und Bundestag. Ria hat ihren Gästen stets das sichere Gefühl gegeben, daß sie sich auf neutralem Territorium befinden, wo keine Diskretion der Rechtfertigung bedarf und keine Indiskretion mißbraucht wird. Das gehört zu ihren außergewöhnlichen Fähigkeiten. Sie ist imstande, zwischen Gegnern das Verständnis zu befördern und parteipolitischen Streithähnen Toleranz beizubringen.

Solange die Bundesregierung in Bonn saß, bemühten sich die Botschafter der Großmächte, ihre Regierungschefs, wenn sie in Bonn waren, zu Ria mitzunehmen. Sämtliche amerikanischen Präsidenten seit Kriegsende haben »Maternus« besucht, sind vielfach wiedergekommen und haben sich mit der Weihnachtspost für das Erlebnis bedankt. Und auch die Russen wurden immer mehr zu willkommenen Gästen, ebenso wie andere frühere Feinde. Die deutschen Bundespräsidenten, die Regierenden in Bund und Ländern, Kanzler und Minister kamen und kommen in das Haus; und sie werden alle empfangen mit Wangenküssen und verabschiedet mit Umarmungen.

Ich kenne und schätze Ria seit 1967, als Willy in der Regierung der Großen Koalition Außenminister geworden war und wir von Berlin nach Bonn umgezogen waren. Es waren Conny Ahlers und seine Frau Heilwig von der Mehden, die mich zum ersten Mal zu »Maternus« mitnahmen. Sie wohnten nicht weit von uns auf dem Venusberg. Unsere jüngsten Kinder, mein Matthias und Heilwigs Sibylle, gingen in dieselbe Grundschulklasse. Einmal spielten sie in der Schule gemeinsam Theater, auch Walter Scheels jüngste Tochter Cornelia war dabei, und wir sahen uns gemeinsam die Premiere an – die Ehepaare Ahlers, Brandt und Scheel.

Heilwig und Conny hatten sich über ihren Beruf, den Journalismus, kennengelernt. Heilwig hatte während des Krieges in Köln Kunstgeschichte studiert, wechselte dann aber in eine journalistische Ausbildung, die sie in Prag beendete. Etwa ein Jahr nach Kriegsende war sie zusammen mit Conny die treibende Kraft einer neuen, enthusiastischen Jugendzeitschrift namens »Benjamin«. Die junge desillusionierte HJ- und Flakhelfergeneration sollte davon überzeugt werden, daß trotz der Ruinen und all des anderen deutschen Elends das Leben lebenswert sei. Aber das war gar nicht so einfach in dieser Zeit.

1949 heirateten Heilwig und Conny. Für Ahlers begann bald eine steile Karriere im Nachrichtenmagazin »Der Spiegel«, zuletzt als Chefredakteur. In diese Zeit fiel die sogenannte Spiegel-Affäre, während der der damalige Verteidigungsminister, Franz Josef Strauß, Ahlers in Spanien verhaften ließ. Später wurde Conny Pressesprecher der Regierungen Kiesinger und Brandt und Bundestagsabgeordneter; er starb 1980. Heilwig schrieb Kolumnen im Frauenmagazin »Brigitte«. Mit ihren lokkeren, aber treffenden Betrachtungen über die Verdrießlichkeiten des Lebens gewann sie einen so großen Leserkreis, daß die spätere Buchausgabe der Kolumnen eine Millionenauflage erreichte.

Heilwig war sehr begabt, und sie konnte Unglaubliches zustande bringen. Neben ihrer Tätigkeit als Schriftstellerin pflegte sie auch ihre alten kunsthistorischen Interessen, hielt Vorträge und machte Führungen in den Kölner Museen. Und stets hatte sie Zeit und Kraft, sich um ihre Freundschaften zu kümmern. Zu dem ganz ungewöhnlichen Vertrauensverhältnis, das mich mit Heilwig verband, gehörte es, daß wir offen über unsere unterschiedlichen Erlebnisse in den Jahren vor 1945 reden konnten. Ich hatte manchmal erlebt, daß deutsche Gesprächspartner meiner Generation irgendwie verlegen wirkten, wenn die Sprache auf die NS-Zeit kam, so als vermuteten sie auf meiner Seite kritische Vorbehalte, die durch kurze Gespräche nicht aufzulösen sein würden. Jedenfalls machte sich leicht Befangenheit breit, und ich verzichtete meinerseits darauf, in mein Gegenüber zu dringen. Wie anders war es, wenn Heilwig und ich uns austauschten! Sie erzählte mir von ihrer Mitgliedschaft im »Bund Deutscher Mädel« (BDM), der Parallelorganisation zur Hitler-Jugend, die beinahe obligatorisch und insofern nichts Besonderes war. Aber Heilwig scheute sich auch nicht, von der Begeisterung der jungen Mädchen zu berichten: von der Lagerfeuerromantik, die aus der Jugendbewegung übernommen worden war.

Wir waren ein Kreis von Politiker- und Journalistenehefrauen – Dorothea Bahr, Karin Clement, Gisela Nowotny und Wiltraud Lueg –, der sich nach einiger Zeit regelmäßig an jedem ersten Montag im Monat als »Stammtisch« bei Ria zusammenfand. Letztlich war es Heilwig, die die Truppe zusammenhielt, und zwischendurch mobilisierte sie uns für künstlerische Exkursionen in die europäischen Hauptstädte, auf denen sie als allwissende Führerin fungierte.

Ich hatte Ria und Heilwig oftmals eingeladen, mich auf der »Hytte« in Norwegen zu besuchen. Eines schönen Tages erhielt ich die Nachricht, daß sie nun tatsächlich kämen, und ich fuhr nach Oslo, um sie abzuholen. Der Weg zurück führt den Mjøsa entlang, den größten norwegischen Binnensee.

Auf der »Hytte« erhielt Ria selbstverständlich das größte und schönste Zimmer, aber am nächsten Morgen klagte sie über die Helligkeit während der Nacht. Sie fand, es sei wie mitten am Tage. Nun war es ja Hochsommer, und da ist es eben so im Norden. Einige Jahre später war ein achtjähriges Mädchen zu Besuch; auch sie lag abends wach und konnte nicht schlafen. Als ich sie fragte, was sie störe, sagte sie: »Hier ist es so still. In Berlin höre ich wenigstens die Autos.« Trotzdem hatten wir drei Frauen eine schöne Woche. Wir wanderten viel, Ria ging voran, und Heilwig und ich folgten, so gut wir konnten. Eine Woche helle Nächte und Stille – und eine Freundschaft, die alle Jahre überdauerte. Drei Jahrzehnte lang, bis zu Heilwigs Tod, waren Ria, sie und ich die besten und engsten Freundinnen, und Ria und ich vermissen Heilwig unsagbar.

Als Heilwig starb, konnte ich es kaum fassen. Bei der Beerdigung erfuhren wir, daß die

Kinder und auch Heilwig selbst gewußt hatten, was kommen würde. Als ich sie im Krankenhaus besuchte, gingen wir auf dem Gang umher und scherzten. Sie war so lebendig wie immer. Man hatte sie aus dem Krankenhaus entlassen, und das galt es mit einer guten Mahlzeit zu feiern. Anschließend fuhren wir sie nach Hause, zu ihrem Wohnort Ippendorf. Wir warteten noch, während sie durch die Gartenpforte ging. Dann blieb sie stehen und wandte sich um und winkte uns zu. Ich sagte zu Niels: »Fahr, fahr! Heilwig steht genau da, wo Conny plötzlich zusammenbrach und starb.«

Hochzeit in Kautokeino

Über der Finnmark, dem nördlichsten Teil Norwegens, wo einst allein die Lappen zu Hause waren, schien stets ein Hauch von Abenteuer zu wehen: starke Kontraste, überraschende Unterschiede und eine reiche Vielfältigkeit in der Natur und im menschlichen Sinn.

Das ist die Finnmark, erklären uns die Kenner. Doch die Finnmark ist auch das Land der großen, wogenden Weiten, über die die Rentierherden seit Jahrhunderten streifen. In Kautokeino ist der Rentierbetrieb das vorherrschende Gewerbe, ungefähr die Hälfte der Erwerbsbevölkerung sind Samen, die sich von Rentierzucht ernähren. Die Samen – wie die Lappen inzwischen rechtmäßig genannt werden – sind als nationale Minderheit anerkannt und haben ihr eigenes Parlament.

Von Sören Sommerfeldt, der Anfang der siebziger Jahre norwegischer Botschafter in Bonn war, kam der Hinweis, als ich ihm von dem Plan erzählte, Ostern in die Finnmark zu reisen: »Fahrt nach Kautokeino, wenn ihr etwas ganz Besonderes erleben wollt.« Das wollten wir – »wir«, das waren außer mir drei gute Freunde mit ihren Ehefrauen: Günter Gaus, später der erste Ständige Vertreter der Bundesrepublik in der DDR; Heinrich Senfft, politischer Publizist und Rechtsanwalt mit Presserecht als Spezialgebiet sowie später mein Beistand in der nicht immer einfachen Scheidungsauseinandersetzung; und schließlich Herbert Hajek, der bedeutende Maler und Bildhauer.

Ich war bis dahin nie in der Finnmark gewesen. Ich wußte natürlich von dem fürchterlichen Schicksal der Bevölkerung während der allerletzten Phase des Krieges, als die Menschen nach Süden getrieben und ihre Häuser in Brand gesteckt wurden. Die Befreiung der Finnmark begann mit einer Katastrophe, durch die ein ganzer Landesteil verwüstet wurde, um »verbrannte Erde« zu werden. Die Menschen kehrten zurück, sobald das möglich war, und bauten ihre Häuser wieder auf – ein Wiederaufbau, für den es kaum Parallelen in der Geschichte Norwegens geben dürfte.

Unsere Reise sollte also Ostern stattfinden. Wir fuhren zunächst nach Oslo, wo der deutsche Botschafter (und gute Bekannte) Gerhard Ritzel dafür gesorgt hatte, daß meine sechs Freunde die erforderliche Skiausrüstung leihen konnten; nur ich hatte meine eigenen Skier dabei, die sonst auf der »Hytte« standen. Wir aßen am Abend bei ihm, bevor wir nordwärts zogen. Ritzel schenkte uns etliche Flaschen, die sich als durchaus nützlich erweisen sollten. Am Morgen flogen wir nach Alta, dem Verkehrsknotenpunkt für den westlichen Teil der Finnmark mit einem Flugplatz und Straßen in alle Himmelsrichtungen, die das ganze Jahr über befahrbar sind. Nach Kautokeino brachte uns dann ein Bus; dort wollten wir die Festtage verbringen. In Kautokeino gibt es fünf Siedlungen mit ausschließlich samischer Bevölkerung, durch deren üppige Trachten das Bild der Stadt sein spezifisch farbenfrohes Aussehen erhält. Die Einheimischen sprechen dort tatsächlich Sämisch, eine für unsereinen unverständliche Sprache; sie gehört zur finnisch-ugrischen Sprachgruppe. Die meisten Samen beherrschen allerdings mehr oder weniger gut auch das Norwegische.

Ich hatte schon früher von den farbenfrohen österlichen Festtraditionen der Samen gehört – davon sollten wir reiche Eindrücke empfangen. Nachdem wir uns im Hotel eingerichtet hatten, machten wir einen Spaziergang und suchten einen Tabakhändler auf. Wir wollten was kaufen, er sah uns aber sehr streng an und sagte: »Ihr dürft nicht rauchen – es ist nicht gut für euch!« Aber dann sagte ich: »Aber du lebst doch davon!« – »Nein, das ist ungesund«, sagte er.

Dann lächelte er und wurde mild und sagte: »Ihr müßt morgen zur Hochzeit kommen!«

»Aber wir sind doch gar nicht eingeladen ...«

»Alle sind eingeladen«, stellte er fest.

Die Samen pflegen an Ostern zu heiraten. Dann kommen sie mit den Rentieren von den Hochebenen, bevor sie die Herden auf die Sommerweiden treiben, die sich auf den zahlreichen Inseln befinden. Auch Samen aus Finnland und Schweden nehmen an den Hochzeiten teil, alle in ihren malerischen Trachten, Erwachsene und Kinder.

Als die Trauung begann, nahmen wir in der alten Holzkirche Platz, und nachher gingen wir wieder hinaus in die Sonne. Das Brautpaar und die Gäste stellten sich für ein Foto auf den Stufen vor der Kirche auf. Dann wollten sie, daß auch ich mit auf das Bild sollte, und so wurde ich direkt hinter dem Brautpaar plaziert.

Wir dachten, damit wäre die Feier für uns beendet, aber keineswegs, jetzt sollte gegessen werden. Wir durften uns nicht einfach davonmachen, das ging nicht! Aber da wir bereits vorher gegessen hatten, mußten wir warten, bis die anderen ihre Mahlzeit hinter sich gebracht hatten, um dann mit den Brautleuten Kaffee zu trinken.

Inzwischen hatten wir das Gefühl bekommen, wir müßten irgendwelche Geschenke auftreiben. Ich schenkte der Braut – auch im Namen der anderen Damen aus Deutschland – einen neuen Schal, und Heiner Senfft steuerte im Namen der Männer eine Flasche Cognac bei. Als wir diese Dinge im Speisesaal überreichten und dazu unsere Glückwünsche zum Ausdruck brachten, nickten sie und zeigten auf einen Berg in der Ecke des Raumes, wo sich schon die Gaben stapelten. Also legten wir unsere Geschenke dazu.

Anschließend tranken wir Kaffee mit dem Brautpaar und einigen anderen Gästen in einem separaten Zimmer. Nach und nach gelang es uns, eine Art Unterhaltung in Gang zu bringen. Es zeigte sich, daß mehrere der samischen Männer ein wenig Deutsch sprachen.

Bislang war es eine ungewöhnlich friedliche Hochzeit gewesen. Aber im Laufe der Nacht war zu hören, daß es eine äußerst lustige Angelegenheit ist, wenn norwegische, finnische und schwedische Samen zusammen feierten.

Im Tiefgeschoß des Hotels war uns mittlerweile ein weiteres Zimmer zugeteilt worden, das nun ausschließlich »unser« war. Man hatte uns einen Plattenspieler hineingestellt, nach dessen Musik wir abends tanzten.

Gleich zu Beginn war Isak in unser Ferienleben getreten. Er war ein schmächtiger, aber zäher, kleiner Same in den Dreißigern, ein geübter Skiläufer, der sich sehr bemühte, uns ein wenig von seinen Künsten beizubringen. Isak machte mit uns lange Skiwanderungen über die unendliche Hochebene. Eines Tages waren während einer Rast Freunde von ihm zur Stelle, um für uns auf einer kleinen Anhöhe im Schnee Kaffee zu kochen, sie hatten einige Holzscheite kreuzweise übereinandergelegt und angezündet.

Isak führte uns ein Rentier zu; an den beidseitig angebrachten Schnüren sollten wir uns festhalten, um uns ziehen zu lassen. Jetzt konnte es losgehen. Natürlich fielen wir um, alle übereinander. Ein einziger ließ sich nicht aus der Ruhe bringen – das war das Rentier.

Auf einer der langen Skiwanderungen wurde ich so erschöpft, daß ich zu Isak sagte: »Ich schaffe es nicht zurückzugehen.« – Warte hier«, sagte er und verschwand. Nach einer Weile kam er mit einem zweiten Rentier und einem Schlitten zurück. Den Schlitten hatte er mit Matratze, Kopfkissen und Daunendecke ausgelegt, und so wurde ich ins Hotel zurück verfrachtet.

An einem unserer letzten Ferientage in Kautokeino sollte auf einer kleinen Rennbahn in einer der samischen Ansiedlungen ein Rentierrennen stattfinden. Viele Samen waren gekommen mit ihren Rentieren und Schlitten. Wenn man teilnehmen wollte, konnte man beides geliehen bekommen. Ich meldete mich an – bar jeder Kenntnis, wie man einen Rentierschlitten zu lenken hat. Auf den ersten Metern fuhr eine Samin mit, die absprang, sobald der Schlitten richtig Fahrt aufgenommen hatte. Da saß ich nun. Das Ren hatte seine eigene Auffassung darüber, welches der richtige Weg war, und plötzlich lief es quer über den Platz direkt auf das Ziel zu, das ich auf diese Weise als erste erreichte! Ein Siegerpreis wurde mir infolgedessen nicht zuteil, aber ich bekam eine Urkunde in samischer Sprache (ich besitze sie immer noch), in der es heißt: »Rut hat am Rennen teilgenommen und ist mit dem Leben davongekommen.«

Kälte in Prag

Als ich Mitte Mai 1977, an einem schönen Frühlingstag, nach Prag flog, war der erste, den ich auf dem Flugplatz traf, ein alter Bekannter: Gerhard Ritzel. Er war während der schwierigen Anfangsphase der Ostpolitik ein enger Mitarbeiter von Willy gewesen und danach deutscher Botschafter in Oslo und Stockholm, bevor er nach Prag gekommen war. Wir trafen uns zufällig. Ritzel war nicht zum Flugplatz gefahren, um mich in Empfang zu nehmen, sondern er war unterwegs zu seiner nächsten Arbeitsstelle, der des Botschafters im Iran.

Auch sonst war in Prag damals vieles ganz anders, als man hätte erwarten können, jedenfalls anders, als ich es erwartet hatte. Beinahe ein Jahrzehnt war vergangen, seit Alexander Dubčeks »Prager Frühling« von der Sowjetunion unterdrückt worden war. In dieser Zeit hatte sich die Erde wenigstens eine halbe Umdrehung weiterbewegt. Ost und West hatten sich in einer Weiterführung von Willys Ostpolitik zu einem ansatzweise gemeinsamen Verständnis von künftiger Sicherheit und Zusammenarbeit in Europa durchgerungen. Daraus erwuchs das Schlußdokument der Konferenz von Helsinki, in dem alle Regierungen versprachen, die bestehenden Grenzen sowie innerhalb ihrer Staaten die Menschenrechte zu respektieren. Manche versprachen aber mehr, als sie halten wollten – so etwas geschieht ja auch in der internationalen Politik. Erst zehn Jahre nach Helsinki, als Gorbatschow in Moskau mit »Glasnost« und »Perestroika« einen neuen Weg eröffnete, bekamen die Versprechungen mehr Gewicht und Haltbarkeit.

Die Prager Bürgerrechtler wollten ihre tschechoslowakische Regierung beim Wort von Helsinki nehmen. In der »Charta 77« formulierte der Kreis um den früheren Außenminister, Professor Jiri Hajek, seine Forderung nach voller Respektierung der Menschenrechte in der ČSSR. Dieses Manifest wurde von zahlreichen kritischen Künstlern und Intellektuellen unterzeichnet, und um ihnen den Rücken zu stärken, sollten wir nach Prag fahren.

Ein Treffen mit Hajek und eine Zusammenkunft mit einem größeren Zirkel von »Dissidenten« war im voraus verabredet worden. Das hatten der Schriftsteller und Theatermensch Pavel Kohout und seine Frau Jelena arrangiert. Aber als es zustande kommen sollte, ging es schief.

Für Willy schien es gerade jetzt nicht opportun, selbst zu fahren. Also kamen wir auf den Gedanken, daß ich fahren sollte, begleitet von Michael Bertram, Willys persönlichen Referenten für die Parteiarbeit. Bertram hatte einen Brief von Willy an Hajek dabei; es würde nicht ganz leicht sein, ihn dem Adressaten zu übergeben.

Von Hans-Peter Riese, damals ARD-Korrespondent in Prag, weiß ich, daß es ihm einmal nur mit Mühe und Not gelungen war, Hajek einen Brief von Willy zu überbringen. Der Außenminister aus der Dubček-Zeit stand nicht gerade unter Hausarrest, aber das Haus wurde von einer Gruppe »Herren in den bekannten grauen Regenmänteln« beschattet, wie Riese sie beschrieb. Niemand kam da ohne weiteres durch. Aber als Riese erklärte, er käme als Bote mit einem Brief des deutschen Bundeskanzlers, erlaubte man ihm, den Umschlag über Hajeks Gartenhecke zu werfen. Hans-Peter Riese wurde übrigens später aus der Tschechoslowakei ausgewiesen, weil er den

Text der »Charta 77« in den Westen übermittelt hatte.

Michael Bertram hingegen erhielt die Genehmigung, Hajek zu besuchen, und konnte ein langes Gespräch mit ihm führen. In seinem Bericht an Willy betonte er, daß dessen Brief Hajek »tief bewegt« habe. Überhaupt befürwortete Hajek »einen ganz ähnlichen Approach« in der Entspannungspolitik wie Willy Brandt: Unter den gegebenen Umständen, die in nächster Zeit wohl nicht zu ändern seien, sollte die Menschenrechtsfrage nicht zu sehr zugespitzt werden. Vielmehr müsse man »sehr viel Geduld« haben. Es sei wichtig, die Entspannungspolitik fortzuführen, Hand in Hand mit den Bestrebungen, menschliche Erleichterungen zu erreichen.

Bertram machte klar, daß Hajek keinen Schmähkampagnen in der Presse ausgesetzt sei. Gewiß würde er rund um die Uhr beschattet, und niemand gelangte unkontrolliert in sein Haus. Hajek selbst bezeichnete das als »VIP-Behandlung«: Er lebe in bescheidenen Verhältnissen, komme aber mit seiner Pension gut zurecht. Sorgen mache sich Hajek um die anderen »Charta«-Unterzeichner, die ohne Ausnahme aus ihren beruflichen Stellungen entlassen worden seien und meist mittellos dastanden.

Das Treffen mit den Dissidenten kam – wie

gesagt – nicht so zustande, wie es vorgesehen war. Als wir in unserem Hotel eintrafen, lag dort ein Brief von Pavel Kohout, den der Schweizer Botschafter von einem Besuch bei Pavel mitgebracht hatte. Daraus ging hervor, daß Jelena und Pavel Kohout gezwungen worden waren, ihre Wohnung am Prager Hradschinplatz zu räumen und in ihr Sommerhaus umzuziehen, das fünfzig Kilometer außerhalb der Stadt lag. Wie die Dinge standen, wagten sie nicht, sich von dem Haus zu entfernen, aus Furcht, in ihrer Abwesenheit könnte dort Unerfreuliches geschehen. Sie stünden aber nicht unter Hausarrest, und Freunde könnten ohne weiteres zu Besuch kommen.

»Aus technischen Gründen« infolge des Zwangsumzugs, schrieben Jelena und Pavel, könnten sie ihr Sommerhaus zur Zeit nicht verlassen, und deshalb sei es ihnen leider unmöglich, mich in Prag zu treffen. Aber wenn ich eine Gelegenheit fände, zu ihnen zu gelangen, würden sie sich sehr freuen, wann immer das wäre: »An Wein, Brot und einem Bett soll es nicht fehlen.«

Im Hotel besuchte mich ein Mitarbeiter der deutschen Botschaft, um zu hören, ob er etwas für mich tun könne. Im Hinblick auf eventuelle ungebetene »Zuhörer« tauschten wir die schwierigsten Fragen und Antworten auf kleinen Zetteln schriftlich aus. Ich fragte, ob es möglich sei, ein Auto zur Verfügung gestellt zu bekommen, damit wir zu Kohout nach Sázava fahren können. Aus Pavels Brief wußte ich, daß die Autofahrt eine knappe Stunde dauerte. Ich wollte einige Stunden bei Kohouts bleiben, aber noch an demselben Tag zurück nach Prag. Insgesamt hatte ich drei Tage für meinen Aufenthalt in der Tschechoslowakei vorgesehen.

Die Botschaft lieh uns einen Wagen, und wir machten uns auf den Weg. Wie wir schnell bemerkten, folgte uns ein Auto; das ging so bis Sázava.

Als wir in den Ort kamen, sah ich ein Garagentor, auf das »Faschist« geschrieben war. »Hier muß es sein«, rief ich aus. Denn ich hatte gehört, daß Pavel in den Medien mit einer Schmutzkampagne überzogen wurde. Er wurde als »bezahlter Agent« des Westens bezeichnet und als »Bourgeois, der sich jetzt in sein Landstädtchen zurückgezogen hat«.

Kohouts wohnten tatsächlich dort. Wir blieben eine ganze Zeit und erhielten Brot und Wein; und wir führten ein langes, gutes Gespräch, das eine Freundschaft bekräftigte. Faktisch erneuert werden konnte unsere Verbundenheit jedoch erst Jahre später bei einem privaten Abendessen bei mir zu Hause; auch Heinrich Böll, Günter Gaus und Michael Bertram waren anwesend.

In dem Jahr nach meinem Besuch in Prag hörte ich davon, daß Jelena Probleme hatte, eine Ausreisegenehmigung zu erhalten. Ich schrieb ihr einen Brief, in dem ich sie zu einem Besuch in unser Haus in Bonn einlud. Der Brief, den ich mit der Post schickte, erreichte nie sein Ziel, aber ein zweiter Versuch glückte. Jelena antwortete, sie nehme gerne an. Falls Pavel die Genehmigung erhielte, später im Jahr nach Wien zu fahren, um den österreichischen Staatspreis entgegenzunehmen, der ihm verliehen worden war, solle sie versuchen, eine Deutschlandreise anzuschließen. Sie schrieb: »Das Leben ist wie ein Schiff: Manchmal senkt sich die Ladung, manchmal der Achtersteven.« Durch Briefe und Postkarten hielt ich in den folgenden Jahren sporadischen Kontakt mit Jelena und Pavel.

Von dem Besuch in Sázava brachte ich eine kleine Mission mit: eine Antwort auf einen extrem verspäteten Brief von Kohouts Kollegen am Hamburger Ernst-Deutsch-Theater, der erst am Tag meines Besuches angekommen war. Ich versprach, Pavels Antwort weiterzugeben, wenn ich in Kürze auf dem Weg nach Norwegen durch Hamburg käme. Dort traf ich den tschechischen Schauspieler Valter Taub, einen alten Freund aus der Exilzeit in Schweden, der in Hamburg gerade den »Soldaten Schwejk« spielte. Er bat mich in seine Garderobe und ließ sich über meine Dreitagereise nach Prag berichten. Denn soeben hatte er Besuch aus Prag gehabt.

Valter und seine Frau Lux lebten als politische Flüchtlinge jüdischer Herkunft während des Krieges in Stockholm, und wir hielten durch die Jahrzehnte die Verbindung aufrecht. Als ich 1977 in Prag war, hatten sie gerade ein neues Haus am Rande der Stadt bezogen. Ich besuchte Lux, während Michael Bertram bei Hajek war. »Laß uns lieber nach draußen gehen und dort reden – ich habe nämlich den Verdacht, daß wir hier abgehört werden«, sagte sie. Lux war oft allein. Valter erlaubte man, auf den großen Bühnen Österreichs und Deutschlands – Ost wie West – zu spielen.

Zum letzten Mal besuchte ich Lux in Prag nach Valters Tod. Sie fiel mir um den Hals und drückte mich fest. »Rut, ich fühle mich so einsam«, sagte sie leise. Einige Jahre später starb auch sie.

VIERTER TEIL

Unterwegs

Der Weg nach Berlin

In all den Jahren nach der Berlin-Blockade – von 1949 bis 1989 – lag ein Schatten von Unsicherheit über der Autobahn von West-Berlin nach Westdeutschland. Er konnte sich aufhellen, wenn zwischen Ost und West Entspannung in der Luft lag, aber man fühlte sich niemals ganz sicher. Während der beiden Stunden, die man brauchte, um von West-Berlin nach Helmstedt zu fahren, war man immer etwas ängstlich. Man versuchte diese kleine Angst wegzulachen, aber sie kam jedesmal wieder.

Zwar hatten die Russen im Frühjahr 1949 den freien Zugang nach Berlin akzeptiert, nachdem die Westmächte mit ihrer Luftbrücke die Blockade wirkungslos gemacht hatten. Aber im weiteren Verlauf des Jahres, als Deutschland in die Bundesrepublik und die

DDR geteilt wurde, überließen die Russen die Grenzkontrollen den neuen ostdeutschen Behörden. Und diese verstanden es wirklich, kleine Schikanen zu einem großen furchteinflößenden System zusammenzufügen.

Im Jahr 1960, Willy war inzwischen in Berlin Regierender Bürgermeister, kamen wir aus den Sommerferien in Österreich zurück. Ich steuerte meinen kleinen VW-Käfer; Willy, Peter und Lasse waren dabei. Beim westdeutschen Kontrollpunkt Helmstedt konnte man einfach durchfahren in Richtung Marienborn; so hieß der ostdeutsche Kontrollpunkt. Hier war es schwieriger. Willy und die Kinder blieben im Wagen sitzen, während ich in ein Abfertigungsgebäude gehen mußte, um einen »Laufzettel« zu erhalten. Darauf war der Zeitpunkt der Abfahrt von der Grenze ganz genau angegeben, so daß die ostdeutschen Grenzbeamten am anderen Ende des Weges sehen konnten, ob man mehr Zeit als unbedingt notwendig benötigt hatte, um durch das abgeschlossene Land zu fahren.

Ich stellte mich mit meinen Papieren in der Hand an den Schalter eins und wartete in der Schlange. Plötzlich wurde mein Name aufgerufen, ich reagierte aber nicht.

»Frau Brandt, kommen Sie vor zu Schalter eins«, tönte es aus dem Lautsprecher. Ich sah die anderen an, die mit mir warteten. »Gehen Sie vor«, sagten sie, und so ging ich zur Luke. »Gehen Sie zu Schalter fünf«, sagte der Mann von Schalter eins. »Aber ich brauche doch einen Laufzettel.« – »Gehen Sie zu Schalter fünf«, sagte er sehr bestimmt und streng. Am Schalter fünf erhielt ich die Anweisung loszufahren. »Aber ich habe weder einen Laufzettel bekommen noch die fünf Mark dafür bezahlt?« – »Ich sagte, Sie können fahren.«

Zitternd ging ich zu meiner Familie zurück und berichtete, was geschehen war. Willy und ich befürchteten, daß man uns eine Falle stellen wollte, indem man uns ohne gültige Papiere auf den Weg schickte.

Vor uns wartete ein Auto aus Frankfurt am Main. Ich wandte mich an den Fahrer und erzählte, wer wir waren und was geschehen war. Ich bat ihn darum, den Vorgang dem westlichen Kontrollpunkt bei der Einfahrt nach West-Berlin – Dreilinden – für den Fall zu melden, daß wir nicht im Lauf des Abends ankämen.

Und so fuhren wir hinaus ins Ungewisse. Es begann zu dämmern, aber zunächst verlief alles normal. Plötzlich sah ich eine Person auf der Straße, die mit einer Lampe winkte. Es war ein Volkspolizist. Ich kurbelte das Fenster herunter, voller Furcht, was jetzt bevorstand.

»Hier dürfen Sie nicht mit Fernlicht fahren«, sagte er, aber wir durften weiterfahren.

Wir setzten unseren Weg fort und kamen schließlich nach Drewitz, zum ostdeutschen Kontrollpunkt vor der Einfahrt nach West-Berlin. Dort mußten wir durch, um bei Dreilinden in die Freiheit zu gelangen. Bei Drewitz standen zwei, drei Volkspolizisten, die winkten und winkten, um mich nach links zu dirigieren – nicht geradeaus in die Schlange. Ich tat, wie verlangt, und landete – ich konnte es kaum glauben – bei Dreilinden. Ich hielt an, mußte weinen und lachen gleichzeitig: Die Vopos hatten besonders freundlich sein wollen …

Jahre vergingen, und nachdem Willy Bundeskanzler geworden war, kam Bewegung in die Bemühungen, die Verhältnisse um West-Berlin erträglicher zu machen und sie – soweit unter den gegebenen Umständen möglich – zu normalisieren.

Den Durchbruch brachte der erste und entscheidende Ostvertrag, der im August 1970 in Moskau unterzeichnet wurde. Da sich die Sowjetunion mit der Bundesrepublik darüber verständigen konnte, auf welcher Grundlage der Frieden in Europa bewahrt und gestaltet werden sollte – und zwar unter Respektierung der bestehenden Grenzen –, war es auch den Westalliierten möglich, mit den Sowjets zu Regelungen über Berlin zu gelangen, die in den zwanzig Jahren seit der Blockade versäumt worden waren. Es gelang den vier Siegermächten, ihre Rechte als Besatzungsmächte in Berlin neu zu regeln, damit Krisen um Berlin künftig vermieden würden, und sie einigten sich auch über den Waren- und Personentransit von und nach West-Berlin. Infolgedessen wurden auch regelmäßige Besuche von West-Berlinern in Ost-Berlin und der Rest-DDR wieder möglich.

Aber für die normalen Verkehrsteilnehmer, die die Verbindungen von und nach Berlin nutzen wollten, war es noch wichtiger, daß die beiden deutschen Staaten begonnen hatten, ihre gegenseitige Existenz zu akzeptieren. Jetzt ging es darum, das künftige Neben- und Miteinander zu gestalten. Um das zu erreichen, sollte ein »Grundlagenvertrag« abgeschlossen werden. Willy setzte seinen besten Mann, Egon Bahr, ein, um die Verhandlungen mit dem damaligen DDR-Staatssekretär Michael Kohl zum Erfolg zu bringen.

Für uns Reisende auf den deutschen Straßen, die wir Kinder und Freunde sowohl in Bonn als auch in Berlin hatten, gab es näherliegende Probleme. Ende 1972, als der »Grundlagenvertrag« unter Dach und Fach war, wollte ich selbst ausprobieren, ob schon Auswirkungen auf die Reisen nach Berlin zu erkennen waren. Also machte ich mich zusammen mit einer Sicherheitsbeamtin und einem Chauffeur auf den Weg. Die beiden waren genauso neugierig wie ich.

Wir fuhren über Helmstedt. Auf westdeutscher Seite ging natürlich alles glatt. Aber in Marienborn, auf der anderen Seite der Sperrzone, gab es, wie nicht anders zu erwarten, immer noch eine umständliche Kontrolle. Meine Sicherheitsbeamtin sagte: »Ich werde hineingehen, bleiben Sie ruhig im Wagen.«

Ich wartete gut eine Stunde, bis sie zurückkam und mitteilte, daß wir nicht passieren dürften, weil mein Personalausweis in West-Berlin ausgestellt und in Bonn verlängert worden war. Aus der Sicht der DDR war das nach wie vor nicht statthaft, weil West-Berlin nicht als Bestandteil der Bundesrepublik angesehen wurde. Während Bundesbürger den Reisepaß vorzuzeigen hatten, akzeptierten die DDR-Behörden für West-Berliner ausschließlich den Personalausweis, der natürlich nicht in Westdeutschland verlängert sein durfte. Diese juristischen Spitzfindigkeiten brachte ich nun ganz unbeabsichtigt durcheinander.

Ich sagte, dann würde ich umkehren. Meine Sicherheitsbeamtin ging ein zweites Mal in das Kontrollgebäude, weil sie versuchen wollte, eine Lösung zu finden. Als sie zurückkam, konnte sie folgendes berichten: Wenn ich bereit wäre, mich fotografieren zu lassen, würde ein zu einmaliger Durchreise berechtigender Ausweis ausgestellt werden. Da ich eine Verabredung in Berlin hatte, ging ich darauf ein.

Wir durften fahren.

Kurz vor der Abfahrt fragte einer der ostdeutschen Grenzbeamten: »Brandt? Sind Sie verwandt mit Willy Brandt?« – »Nein«, antwortete ich, »ich bin seine Frau.« – »Warum benutzen Sie nicht Ihren Diplomatenausweis? Dann dürfen Sie gleich durch.« – »Aber ich habe meinen Personalausweis dabei, und das muß doch reichen.«

Natürlich benutzte ich meinen Diplomatenpaß nur auf offiziellen Reisen.

Als wir in Drewitz ankamen, versuchte man uns wieder an der Schlange vorbeizulotsen. Ich fand aber, wir sollten uns einreihen, und eine Stunde später gelangten wir in demselben Tempo wie die anderen Transitreisenden auf die West-Berliner Seite.

Nach meiner Berlinreise wieder in Bonn, sprach ich Egon Bahr bei nächster Gelegenheit an: »Viele Grüße an deinen Dr. Kohl: der Grundlagenvertrag bringt nicht das, was wir erhofft haben.« Ich erzählte Egon von meiner Reise und von den Schwierigkeiten mit dem Personalausweis. Er gab es weiter an Michael Kohl, und Kohl antwortete: »Das muß sich um ein großes Mißverständnis handeln …«

Die Oma aus Potsdam

Berlin war eine sonderbare Stadt, als Willy 1957 Bürgermeister wurde. Spätestens seit der doppelten Währungsreform vom Sommer 1948 und der Berlin-Blockade war Deutschland faktisch geteilt. In den drei westlichen Besatzungszonen entstand die Bundesrepublik, und die Ostzone entwickelte sich zur DDR. Berlin – inmitten der sowjetischen Zone gelegen – war seitdem ebenfalls geteilt, aber doch nicht ganz. Die Verwaltungs- und Sektorengrenze zwischen West- und Ost-Berlin wurde täglich in beide Richtungen hunderttausendfach überschritten. Erst der Bau der Mauer im August 1961 riegelte West-Berlin vom Ostteil der Stadt und dem Umland völlig ab und unterband die bis dahin anhaltenden Kontakte zwischen den Menschen hüben und drüben.

Schon vor 1961 erschwerte es die DDR-

Obrigkeit nach Kräften, die legalen Kontaktmöglichkeiten zu nutzen, aber ich hatte immer wieder Erlebnisse, die das Leben in Berlin lebenswert machten. Menschen aus Ost-Berlin und Ostdeutschland kamen zu mir und baten um Hilfe in den kleinen Dingen des Lebens. Die Versorgung war Ende der fünfziger Jahre in der DDR noch ziemlich schlecht und jedenfalls deutlich schlechter als im Westen Deutschlands und Berlins. Ich konnte natürlich nicht die allgemeinen Verhältnisse ändern, aber ich versuchte doch zu helfen, wo es möglich war, und gelegentlich brachte ich etwas darüber zu Papier.

»Die alte Frau aus Potsdam, die vor vierzehn Tagen bei mir gewesen war, tauchte heute wieder auf.« Es war 1958. Sie stand dort im Sonntagsstaat mit frisch gestärktem weißen Kragen und einem winzigen schwarzen Hut auf dem silberweißen Haar. Sie sei über achtzig Jahre alt, hatte sie mir neulich erzählt. Ihr »Anliegen« und ihr größter Wunsch: ein Hörapparat. Sie wollte so gern zur Kirche gehen, aber die Behörden auf der anderen Seite hielten es, so meinte sie, für Verschwendung staatlicher Gelder, ihr deshalb einen Hörapparat zu genehmigen; außerdem sei sie so alt ...

Ihre Rente reichte nicht für solche Anschaffungen. Also war ich der letzte Ausweg. Ob die »gnädige Frau« glaubte, es gebe da einen Weg.

Die »gnädige Frau« nahm ihre Schürze ab (deren Anblick auf dem Gesicht der Alten Anzeichen von Verwunderung hervorgerufen hatte), und wir setzten uns nieder. Ich versprach, mich zu erkundigen, ob ihr geholfen werden könne. Sie wollte sich schriftlich mit mir in Verbindung setzen. Da sie mir jedoch in einer solchen staatsfeindlichen Angelegenheit nicht aus Potsdam schreiben konnte, mußte sie jedes-mal mit der S-Bahn nach West-Berlin fahren, um den Brief dort einzuwerfen. Weil die ostdeutsche Währung im Westen nur geringen Wert hatte, war das viermal teurer, aber für die Aussicht auf ein Hörgerät lohnte es sich.

Jetzt stand sie erwartungsvoll da. Ich schrieb ihr die Adresse auf, wohin sie sich wenden sollte; dort würde man ihr helfen: Sie hatte Tränen in den Augen. »Das ist nicht möglich!« Ob es weit sei zu Fuß?

»Liebe Oma, Sie können nicht zu Fuß gehen. Das dauert mehrere Stunden.« Aber ich verstand, wo der Schuh drückte, setzte sie in mein Auto, und wir fuhren los. Wir sahen uns ein wenig das damals neue Berlin an. Ich konnte zwar nicht viel erklären, aber sie strahlte über das ganze schöne, alte Gesicht, als ich sie beim Zentralbüro der Arbeiterwohlfahrt absetzte, unserem Ziel. »Das ist der schönste Tag meines Lebens«, sagte sie und verschwand in dem großen grauen Gebäude.

Von den paar Mark, die ich ihr für die Heimreise gab, kaufte sie drei Nelken und steckte sie an meine Haustür mit einer kleinen Karte: »In Dankbarkeit. Die Oma aus Potsdam.«

Man vergißt allzuoft, wie wenig es bisweilen bedarf, anderen eine große Freude zu machen. Kurz vor Weihnachten 1958 erhielt ich einen Brief von ich weiß nicht wem, in dem es hieß:

»Ich erlaube mir, mit einer Bitte zu Ihnen zu kommen. Vor drei Jahren erhielt ich die Genehmigung, zur Silberhochzeit meines Bruders nach Dresden zu reisen. Dort lernte ich eine Dame kennen, die seit Jahren bettlägerig ist. Ich selbst bin zweimal ausgebombt worden und verfüge nur über eine kleine Rente. Ich kann deshalb nicht helfen. Können Sie nicht so nett sein, der Dame ein kleines Weihnachtspaket zu schicken? Sie finden doch sicher jemanden, der als Absender auftritt. Ihr Name wäre nicht so gut ...«

Ich bat eine Verkäuferin in dem Lebensmittelladen in Schlachtensee, wo wir wohnten, statt meiner ein Paket mit erlaubten Waren zusammenstellen und mit ihrem Absender abzuschicken. Das wollte sie gern tun.

Von dem Moment an war ich Frau Lehmann.

Meinem Paketzettel zufolge sandte ich in aller Bescheidenheit einen Weihnachtsgruß nach Dresden mit folgendem Inhalt:

250 g	Butter	DM 1,75
125 g	Kakao	DM 0,70
125 g	Kaffee	DM 2,35
1 Tüte	Apfelsinen	DM 1,00
1 Ring	Feigen	DM 0,55
1 Flasche	Obstsaft	DM 0,75
1 Röhrchen	Pfeffer	DM 0,40
1 Röhrchen	Gewürzm.	DM 0,20
1 Tafel	Schokolade	DM 0,70
Porto		DM 1,50
Summe		DM 9,90

Gleich nach Neujahr 1959 kam ein Brief aus Dresden:

»Sehr geehrte Frau Lehmann!

Mit größter Freude und Überraschung erhielt ich Ihr wunderbares Paket. Ich wollte gar nicht glauben, daß es für mich sei, als der Postbote kam. Ich danke Ihnen sehr für die herrlichen Sachen, die meisten kennt man gar nicht mehr. Liebe Frau Lehmann, Sie haben mit diesen herrlichen Sachen eine sehr große Freude in mein Zimmer gebracht. Sie dürfen überzeugt sein, daß ich alles gut gebrauchen kann. Diät muß ich nicht halten: ich darf essen, was mir schmeckt. Allerdings bin ich unheilbar krank, und es gibt Tage, da ich überhaupt nicht essen kann. Alle meine Verwandten sind tot, so daß ich auf fremde Hilfe angewiesen bin. Mit hundert Mark ist es nicht leicht für mich, wie Sie verstehen werden.«

So viel Freude über so wenig! Ich konnte nicht anders, als auch zu Ostern ein Paket zu schicken, und so kam Ende März 1959 ein weiterer Brief aus Dresden:

»Liebe Frau Lehmann!

Heute erhielt ich ein herrliches Osterpaket. Wie soll ich Ihnen danken? Meine Freude war riesengroß, alles schmeckt so gut! Kann ich Ihnen eine kleine Freude machen? Ich möchte sehr gern eine Handarbeit für Sie anfertigen, weiß aber nicht, ob Sie so etwas gebrauchen können. Ich möchte auch nicht aufdringlich sein. Wir haben herrliches Frühlingswetter – für mich ist das die schwerste Zeit. Es ist der sechste Frühling, den ich im Bett verbringen muß. Ich hatte so auf dieses Frühjahr gehofft. Seit langer Zeit waren die Schmerzen nicht so schlimm, so daß ich erneut an das ... Krankenhaus schrieb und eine Operation beantragte. In der vorigen Woche kam der Bescheid, daß die Operation nicht bewilligt werden könnte.«

Das waren zwei Steinchen in einem großen Spiel: für die Machthaber im Osten zwei unbedeutende Schicksale. Für uns wertvolle Erinnerungen. Man vergißt so leicht. Verstehen Sie, was ich meine?

Wo ich herkomme

Hedemarken ist mein Norwegen. Dort bin ich geboren. Dort gehöre ich hin. Es ist der Kern von Østlandet, dem östlichen Landesteil. Eine schmucke, freundliche Gegend, eine Kornkammer rund um den Mjøsa, Norwegens größten und längsten Binnensee. Über 120 Kilometer erstreckt sich der Mjøsa von Eidsvoll bis hinauf nach Lillehammer und Gudbrandsdalen.

»Es ist gleich, wo in der Welt ich wohne – wenn ich nur den Mjøsa sehen kann«, sagen die Menschen in Hedemarken. Er zeigt sich uns von seiner schönsten Seite auf unserem Weg von Bonn zur Hütte in Vangsåsen. Es ist Mittsommer und gegen Mitternacht. Die Sonne steht riesig und rot auf dem See und färbt das Wasser und die Berge und den Himmel und die Landschaft rot und rosa.

Ob du mit der Eisenbahn oder mit dem Auto von Oslo kommst, du hast den Mjøsa ab Eidsvoll ständig neben dir. Und wenn es Sommer ist, Juni, Juli oder August, kannst du den »Skibladner«, den ältesten Raddampfer der Welt, sachte über das Wasser gleiten sehen. Sieben Stunden dauert die Fahrt von Eidsvoll nach Lillehammer. Auf halber Strecke legt der Dampfer in Hamar an. In meiner Kindheit wurde er am Kai mit Musik empfangen.

Bei dem kleinen Ort Stange öffnet sich die Landschaft auf staatliche Höfe und Felder. Und dann siehst du plötzlich Hamar. Von der kleinen Anhöhe wirkt die Stadt beinahe groß (sie ist in den letzten Jahren ja auch sehr gewachsen). In meiner Kindheit hatte Hamar siebentausend Einwohner, inzwischen leben hier fast dreißigtausend Menschen. Von oben siehst du auch die neue Eissporthalle, wo während der Olympischen Winterspiele 1994 die Wettkämpfe im Eisschnellauf stattfanden. Hamar war immer die Schlittschuh-Stadt Norwegens. Im Winter legt sich eine Eisdecke über den Mjøsa und bleibt bis weit in den April liegen. Vor der Asphaltzeit diente der gefrorene See auch als Verkehrsweg – ich erinnere mich an Lastautos mit Waren und an Pferdeschlitten, die Leute von Hamar nach Gjøvik an das gegenüberliegende Seeufer brachten.

Wir fahren über die Stange-Brücke in die

Stadt, vorbei am Marktplatz, am Dom und am Geburtshaus der Sängerin Kirsten Flagstad. Im Hinterhof hatten wir während der deutschen Besatzung unsere illegale »Druckerei«. Jetzt ist auch der Hinterhof nicht mehr da. Und dann biegen wir ab nach Vangsåsen.

Wenn Neuschnee gefallen ist und Vangsåsen uns mit strahlendem Sonnenschein in Empfang nimmt, locken die endlosen Loipen. Du kannst stundenlang allein durch die Winterlandschaft laufen. Und wenn wir wieder zu Hause sind und die Skier an die Hauswand stellen, kommt es manchmal vor, daß Elche in der Dämmerung am Zaun stehen und uns zuschauen.

Meine Hedemarkinger sind freundlich, hilfsbereit und freigiebig. Man sagt hier gern, Hedemarken liege etwas am Rande des christlichen Norwegens, auch wenn der Dom zu Hamar im Mai 1993 den ersten weiblichen Bischof des Nordens bekommen hat. Die Menschen hier hielten lange an ihren heidnischen Bräuchen fest, und sie sehen vieles nicht so eng: Es ist hierzulande bekanntlich verboten, Alkohol selber zu brennen, aber man trinkt ihn ja so gern. Also zieht man die Gardinen zu und geht an die Arbeit ... Es heißt, daß alle das tun, außer dem Pfarrer und dem Dorfschulzen. Die bekommen den Schnaps geschenkt.

Von Nei zu Hei

Kurz vor Lillehammer leuchtet ein haushohes »NEI« hoch über der Europastraße 6. Es ist mit weißen Buchstaben auf der roten Hauswand eines Bauernhofes oben auf der Gebirgsseite aufgemalt. Es ist ein Überbleibsel aus den letzten Jahren, aber es ist auch ein Teil des norwegischen Volkscharakters. Dieses »Nei« ist der Rest des Streits, der in den vergangenen Jahren um Norwegens weiteren Weg nach Europa geführt wurde. Er wurde durch die Volksabstimmung im Herbst 1994 gestoppt.

Als ich die Aufschrift neulich sah, mußte ich an Tryggve Brattelis Besuch bei uns auf der »Hytte« vor ungefähr dreißig Jahren denken. Wir machten gemeinsam einen langen Spaziergang und sprachen über dies und jenes. Willy sagte: »Ihr müßt etwas mit euren Straßen machen, mit solchen Straßen bekommt ihr keine Touristen ins Land!«

Tryggve sah uns an und sagte: »Wir *wollen* keine Touristen!«

Trotzdem war es Bratteli, der fünf Jahre später Norwegens Aufnahmeantrag in die EG durchsetzte. Er setzte seine Stellung als Ministerpräsident ein, um bei der Volksabstimmung im Jahr 1972 den Beitritt gebilligt zu bekommen. Er verlor, und er trat zurück.

In 1994 trugen vor allem die Bauern und die Fischer dazu bei, eine Mehrheit für diejenigen zu sichern, die zu Europa Abstand halten wollten. Die größeren Städte sagten ja zur EU. Doch der Streit ging quer durch die Parteien und die Familien hindurch. Ich erlebte es in meiner eigenen Familie. Heftige Diskussionen während der ganzen EU-Kampagne – die eine Schwester war *dafür*, die andere *dagegen*. Als alles vorbei war, meinten sie: »Laßt uns das Kriegsbeil begraben.«

Östlich von Lillehammer – in Nybergsund nahe der schwedischen Grenze – erinnert ein Denkmal an ein anderes norwegisches »Nei«. In einem Park am Trysilfluß steht eine Büste von König Haakon und ein Gedenkstein: An dieser Stelle wurden der König und seine Minister in April 1940 von deutschen Jagdflugzeugen verfolgt und beschossen, nachdem sie auf der Flucht aus Oslo Deutschlands Forderung nach Kapitulation zurückgewiesen hatten. Dem Nein des Königs folgte ein zweimonatiger Kampf, um das Land zu verteidigen, bis hinauf nach Narvik im Norden. Im Juni fuhren König und Regierung von dort nach England und führten den Kampf fort.

Der König und die königliche Familie waren die ganze Kriegszeit hindurch ein Symbol für Widerstand und Freiheit. Im April 1990 kam König Olav nach Nybergsund, um die Büste des alten Königs zu enthüllen. Der zehnjährige Jostein hielt eine Ansprache auf seinen König und sagte darin: »Lieber König Olav … jetzt ist es fünfzig Jahre her, seit du dich mit deinem Vati unter diesen Bäumen verstecktest. Wir freuen uns, daß die Deutschen euch nicht gefaßt haben. Denn wir haben unseren König sehr lieb!«

Und nicht nur Jostein empfand es so. Die Arbeiterpartei hieß im Volksmund nach dem Krieg »Königliche Norwegische Arbeiterpartei«.

Selbständigkeit und Eigenwilligkeit sind Leitfäden der norwegischen Politik im ganzen zwanzigsten Jahrhundert. Die norwegische Eigenart wurde zum Selbstzweck, nachdem das Land vor neunzig Jahren endlich seine nationale Unabhängigkeit erlangt hatte.

Als der Krieg am 9. April 1940 nach Norwegen kam, waren wir zuerst fassungslos – Krieg war etwas, was draußen in Europa vor sich ging. Aber schon bald suchten wir nach Formen, uns zu wehren und zu behaupten. Der Widerstand endete für viele im Gefängnis, in den Konzentrationslagern oder mit dem Tod. Diejenigen, die Glück hatten, entkamen übers Meer nach England oder übers Gebirge nach Schweden. Die norwegische Handelsflotte kämpfte auf alliierter Seite, und norwegische Flieger aus »Little Norway« in Schottland und Kanada waren am Luftkrieg gegen Deutschland dabei.

Die letzten drei Jahre des Krieges war ich im schwedischen Exil – unter Flüchtlingen aus dem ganzen von Hitler besetzten Europa. Im April 1945 kamen die norwegischen Häftlinge aus den deutschen Konzentrationslagern nach Stockholm. Durch Vermittlung des Grafen Bernadotte waren sie freigelassen worden. Alles deutete darauf hin, daß der Krieg seinem Ende entgegenging.

Am 30. April rief Willy mich an und bat mich, in sein Büro zu kommen. Er sagte: »Nimm Platz und hör mit!« Ich setzte Kopfhörer auf und lauschte. In seinem Übermut hatte er von Stockholm aus Reichskommissar Terboven in seiner Osloer Residenz im königlichen Schloß Skaugum angerufen, um sich zu erkundigen, ob es stimmte, daß auch die politischen Gefangenen in Norwegen freigelassen würden. Er konnte mit Rediess, Terbovens Stellvertreter, sprechen und ich höre noch dessen: »*Doch, doch* …«

Wir tanzten übermütig in Willys Büro.

An diesem 1. Mai war ich zusammen mit ihm auf einer Sitzung einer internationalen Gruppe von Sozialisten. Während einer der Reden lief Willy zum Rednerpult und verlas die erste Meldung, daß Hitler am Abend zuvor Selbstmord begangen hatte. Ich weiß nicht mehr, was danach geschah.

Die Dänen erhielten ihre Freiheit am 5. Mai zurück. Und zwei Tage danach war es auch für Norwegen so weit. Wir umarmten uns, lachten und weinten. Der Friede war ausgebrochen. Einen Nachmittag und eine Nacht lang glaubten wir fast, wir allein hätten den Krieg gewonnen.

Ich verließ ein armes Land im Frühjahr 1947, um Willy nach Berlin zu folgen. Die vom Krieg verheerte Stadt nahm mir den Atem. Ich wußte: Hier kann ich nicht leben. Im Sommer fuhr ich nach Norwegen. Aber ich reiste doch zurück nach Berlin. Die Jahre, die folgten, die Angst und die Zuversicht – das Gute und das Schwierige –, alles teilten wir in Berlin.

Ohne große Worte – wir kamen gut miteinander aus.

In Hamar zeigte mir der Bürgermeister all das, was neu geschaffen worden war, seit ich meine Heimatstadt verlassen hatte. Neue Häuser, größere Häuser, Schulen mit Schwimmbädern und Kunstwerken, Hütten im Gebirge und am See. Das Öl war gekommen, und die Straßen wurden breit und komfortabel. Das hatten auch die Touristen entdeckt. Ich hörte in den Nachrichten, daß Norwegen die letzte Rate seiner Auslandsschulden zurückbezahlt hatte. Öl ist gut.

Auch der Bauer in den Höhen über Brummunddal hat seine Signale geändert. Mit ein paar Pinselstrichen hat er nun das große *N* auf seiner Hauswand in ein großes *H* verwandelt, so daß jetzt nicht NEI, sondern HEI, das norwegische Grußwort, den vorbeifahrenden Touristen entgegenstrahlt.